Dominic O'Brien
Der einfache Weg zum besseren Gedächtnis

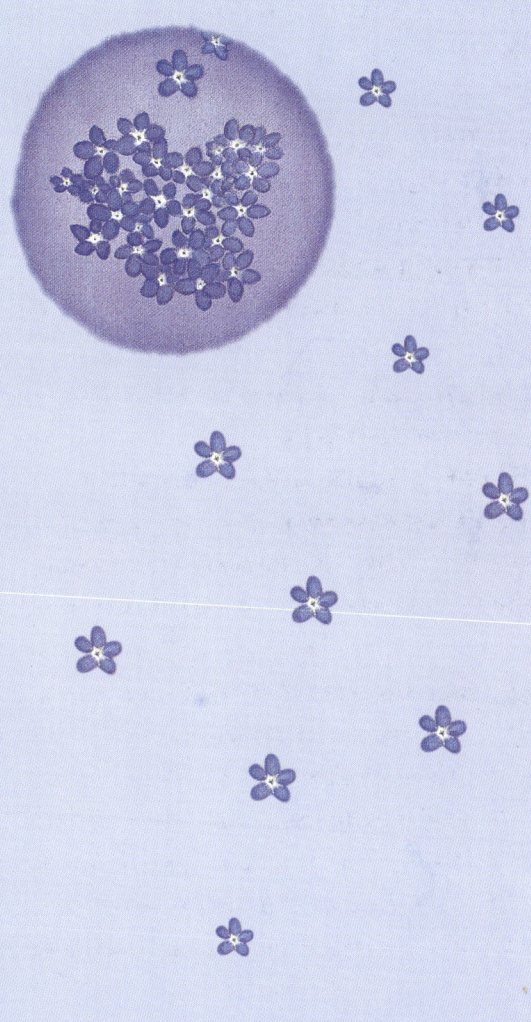

Dominic O'Brien
Der einfache Weg zum besseren Gedächtnis

Aus dem Englischen
von Caroline Klima

nymphenburger

Titel der Originalausgabe: Learn to Remember
Copyright © Duncan Baird Publishers Ltd 2000
Text Copyright © Duncan Baird Publishers Ltd 2000
Commissioned Artwork Copyright © Duncan Baird Publishers Ltd 2000

© für die deutschsprachige Ausgabe nymphenburger in der F. A. Herbig
Verlagsbuchhandlung GmbH, München 2000
Alle Rechte, auch der fotomechanischen Vervielfältigung und des
auszugsweisen Abdrucks, vorbehalten.
Umschlaggestaltung: Wolfgang Heinzel
Gesamtherstellung: Print Company Verlagsgesellschaft m. b. H., Wien
Übersetzung: Caroline Klima
Druck und Binden: Imago, Singapur
ISBN 3-485-00850-8

Widmung

*Dieses Buch ist all jenen gewidmet,
die an Denksportbewerben teilnehmen.*

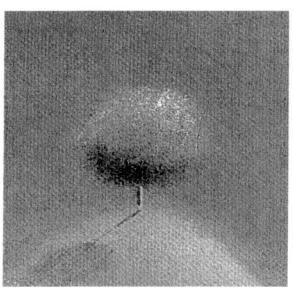

Inhalt

Einleitung 8

Kurze Geschichte des Gedächtnisses 12
Von der Antike bis zur Moderne

Mündliche Überlieferungen 14
Die Griechen der Antike 16
Die Römer der Antike 18
Das Schicksal des Gedächtnisses 19
Gedächtnis in der Moderne 22

Gedächtnislabyrinth 24
Wie das Gedächtnis arbeitet

Die Landschaft des Verstandes 26
Übung eins: Den „Jizz" erhaschen 29
Linke und rechte Gehirnhälfte 30
Gedächtniswellen 32
Gedächtnisarten 34
Wie Erinnerungen entstehen 40
Übung zwei: Ihre Ziffernspanne finden 43
Zuverlässigkeit von Erinnerungen 44
Übung drei: Eine Gedächtnisversammlung abhalten 44
Schlaf, Träume und Gedächtnis 48
Gedächtnis und Lernen 50
Theorien des Vergessens 52
Gedächtnisverlust 54
Das Gedächtnis von Kindern 56
Gedächtnis und Altern 58

Das Echo verstärken 60
Wie Sie Ihr Gedächtnis verbessern

Der Trainingsplatz 62
Die Kunst des Erinnerns 64
Die Kunst der Vorstellung 68
Übung vier: Ein Gedächtnismeisterwerk malen 71
Die Kunst der Assoziation 72
Die Kunst der Verortung 74
Die Kunst der Konzentration 76
Übung fünf: Meditative Aufwärmübung für das Gedächtnis 77
Die Kunst der Beobachtung 78
Übung sechs: Auf Details achten 79
Überprüfen und Wiederholen 80
Gedächtnis und Gesundheit 82
Gedächtnis und Sinne 84
Übung sieben: Das Gedächtniskaleidoskop 85
Gedächtnis und Musik 86
Übung acht: Ein Gedächtniskonzert veranstalten 87
Die Kunst des Abrufens 88

Gedächtnis mit Plan 92
Merktechniken entdecken

Gedächtnisstützen 94
Visuelle Aufhänger 96
Übung Neun: Die Gedächtniswaldtafel mit zehn Aufhängern 97

Die Geschichtenmethode 98
Übung zehn: Eine Gedächtniskette bilden 99
Übung elf: Eine Erzählung erschaffen 101
Die Reisemethode 102
Übung zwölf: Die Route abgehen 105
Übung dreizehn: Das Gedächtnishaus 107
Das DOMINIC-System 108
Das Zahlen-Gestalt-System 110
Mind Maps 112

Gedächtnis im Alltag 114
Merktechniken für die Praxis

Namen und Gesichter 116
Übung vierzehn: Was sagt ein Name aus? 117
Verabredungen einhalten 118
Übung fünfzehn: Ein mentales Tagebuch
   führen 119
Das richtige Wort finden 120
Übung sechzehn: Kreuzworträtsel 121
Eine Rede halten 122
Gedächtnis und Spiele 124
Übung siebzehn: Zufällige Kartenfolgen
   einprägen 127
Gedächtnis in der Schule 128
Lesen und Behalten 130
Übung achtzehn: Bewerten, Aneignen,
   Erinnern 131
Schnelllesen 132
Übung neunzehn: Das Verständnis überprüfen 133

Das Gedächtnis überlisten 134
Übung zwanzig: Den Meeresboden des
   Gedächtnisses säubern 135

Der Gedächtnispalast 136
Erfüllung durch Erinnern

Liebe zum Detail 138
Gedächtnismassage 140
Anforderungen begegnen 142
Übung einundzwanzig: Die Bewerbungsreise 143
Zeitreisen 144
Übung zweiundzwanzig: Zurück in die
   Schulzeit 145
Die Vergangenheit loslassen 146
Übung dreiundzwanzig: Eine Erinnerung
   entschärfen 147
Die Welt der Gefühle 148
Übung vierundzwanzig: Die Flamme neu
   entzünden 149
Im Geist jung bleiben 150
Übung fünfundzwanzig: Verbindungen
   herstellen 151
Das Gedächtnis der Zukunft 152

Bibliografie 154
Register 156
Danksagung 160

EINLEITUNG

„Hallo, Dominic. Nimmst du dieses Jahr teil? Du bist doch 42 Jahre alt!" Diese Frage wurde mir von einem 17-jährigen amerikanischen Schüler am ersten Tag der Gedächtnisweltmeisterschaften 1999 gestellt. Ich erfuhr, dass er sein Gedächtnis sechs Monate lang sechs Stunden täglich trainiert hatte und nun nur aus einem einzigen Grund in London war: um Gedächtnisweltmeister zu werden.

Auch wenn diese einleitende Frage bereits Teil des Wettkampfes war, halten viele Menschen den Einwand für einleuchtend. Ein intelligenter Collegestudent sollte doch einem 42-jährigen Kauz wie mir weitaus überlegen sein. Stimmt es denn etwa nicht, dass die Kapazität des menschlichen Gedächtnisses mit dem Alter abnimmt?

Bis 1988 hätte ich diese Frage sicherlich bejaht. Damit hätte ich mich der weit verbreiteten Fehlannahme angeschlossen, dass fortgeschrittenes Alter mit Vergesslichkeit einhergeht. Doch 1988 wurde ich Zeuge eines Ereignisses, das mein Leben verändern sollte. Ich beobachtete, wie sich ein Mann namens Creighton Carvello einen zufällig gemischten Spielkartensatz in weniger als drei Minuten einprägte – ein Kunststück, mit dem er sich in den Rekordbüchern verewigte. Ich war sprach-

EINLEITUNG

los. Wie konnte jemand 52 unzusammenhängende Daten nur mit Hilfe seines Gehirns verbinden, das in perfekter Reihenfolge und in so kurzer Zeit? Erfüllt von dem Verlangen das Geheimnis zu lüften bewaffnete ich mich mit einem Satz Spielkarten und begann eine dreimonatige Erforschung der Fähigkeiten meines eigenen Gedächtnisses. Es folgte ein Paradebeispiel für beschleunigtes Lernen. Ich verwarf Ideen, die nicht funktionierten, und arbeitete an Erfolg versprechenden Techniken. Während die Tage vergingen, fühlte ich, dass ich einen Riesen in mir erweckte. Zum ersten Mal in meinem Leben enthüllten mein Gedächtnis, meine Konzentrationsfähigkeit und die Vorstellungskraft ihr unfassbares Potenzial. Ohne es zu wissen hatte ich begonnen die Kunst des Erinnerns und der Merktechniken zu praktizieren, wie sie bereits die Menschen im Griechenland der Antike vor mehr als 2 000 Jahren angewandt hatten.

EINLEITUNG

Nach drei Monaten Gedächtnistraining war mein Gehirn wie neu. Bald darauf wurde ich selbst zum Rekordhalter, indem ich nicht einen, sondern ganze sechs zufällig gemischte Kartensätze memorierte, nachdem ich jede Karte nur einmal gesehen hatte. Während mich die Kapazitäten meines Gehirns erstaunten, empfand ich auch große Bitterkeit, weil man mir mentales Training nicht schon beigebracht hatte, als ich mich in der Schule mit Examen plagen musste.

Als Kind diagnostizierte man mir Legasthenie. Zugleich wurde mir vorgeworfen, dass ich mich nicht auf den Unterricht konzentrieren und mir nichts einprägen konnte. Das führte dazu, dass ich akademisch nicht gerade brillierte und die Schule schon mit 16 Jahren verließ. Es ist eine Schande, dass mir niemand die hier beschriebenen Techniken zeigte. Sogar heute, wo wir viel mehr als damals über das Gehirn und Lernprozesse wissen, wird Kindern nicht gezeigt, wie man effektiv lernt. Warum? Ich gestehe, dass ich keine Antwort weiß.

In den letzten Jahrzehnten haben wir unsere Körper geformt, so dass sie schön aussehen, wir änderten Ernährung und Lebensstil um physisch gesund zu bleiben. Zu Beginn eines neuen Jahrtausends ist es nun nur angemessen, dass wir anfangen auch die Befehls- und Kontrollzentrale unseres Selbst zu pflegen, zu trainieren und gesund zu halten – das Gehirn.

Ich hoffe, dass auch Sie beim Lesen dieses Buches und beim Experimentieren mit den Übungen den Riesen in sich selbst entdecken – und der ist wirklich beeindruckend!

Übrigens, der 42-Jährige nahm damals seinen sechsten Titel als Gedächtnisweltmeister mit nach Hause.

Dominic O'Brien, im Dezember 1999

Entwickeln Sie Perspektiven

Am ersten Tag Ihres Trainings werden Sie sich nur zwei oder drei Punkte einer Liste merken können. Am nächsten Tag sind es vielleicht schon zehn und in der Woche darauf 20. Hier einige Zahlen als Ansporn!

Bei der Weltmeisterschaft 1999 memorierte ich 18 zufällig gemischte Kartensätze (936 Karten) innerhalb einer Stunde in fehlerfreier Reihenfolge und setzte damit einen neuen Weltrekord. Ich halte auch den Rekord im Memorieren einer 74-stelligen Zahl (eine Stelle pro Sekunde vorgesprochen). Meine persönliche Bestzeit für das Einprägen eines 52-teiligen Kartensatzes ist 28,5 Sekunden, Andi Bell hält den offiziellen Rekord mit 34,01 Sekunden. Jetzt möchte ich den Rekord für die meisten innerhalb von fünf Minuten memorierten zufälligen Dezimalzahlen zurückerobern. Derzeit bin ich bei 336.

KURZE GESCHICHTE DES GEDÄCHTNISSES

Von der Antike bis zur Moderne

Wir können das Gedächtnis als eine der ältesten Künste der Menschheit betrachten. Für unsere Vorfahren war es nicht nur ein wichtiges Instrument zum Überleben, sondern auch integraler Bestandteil des Alltags. Vor der Erfindung der Druckerpresse war das Gedächtnis jene Tafel, auf der die Geschichte geschrieben wurde. Informationen, mit deren Hilfe wir der Welt Sinn gaben, wurden so geordnet. Aufzeichnungen waren primitiv und rar, also mussten sich unsere Ahnen, wenn es um Fakten und Namen ging, auf ihre Erinnerung verlassen – eine Herausforderung für Intellekt und Vorstellungskraft. Damals war ein gutes Gedächtnis Voraussetzung für Erfolg: Dichter von Epen, vor allem Homer, memorierten ihre Werke lange bevor man sie niederschrieb. Politiker, Theologen und Philosophen visualisierten im Kopf die Stichworte ihrer beeindruckenden und wirkungsvollen Reden. In diesem Kapitel wird beleuchtet, wie das Gedächtnis im Laufe der Geschichte eingesetzt wurde.

Mündliche Überlieferungen

Für Kinder und auch noch für Erwachsene sind Geschichten über unsere eigenen Vorfahren am schönsten. Sie „reisen" die Zweige des Stammbaumes entlang wie eine Armee entschlossener Ameisen. Mit jeder mündlichen Erzählung können kleine Änderungen auftreten, eine Ausschmückung oder eine Übertreibung, um die Aufmerksamkeit der Zuhörer zu fesseln, oder eine Erfindung, um so die Lücken zwischen Fakten zu füllen. So werden Erinnerungen geglättet, damit sie leichter an andere weitergegeben werden können. Trotzdem bleibt das Gerüst an Informationen meist weit gehend intakt. Durch unzählige Geschichten eignen wir uns das Wissen über unsere Vergangenheit an. Wir können alte Familienfotos ansehen, doch ohne den Kontext der Erinnerungen – aus erster oder aus zweiter Hand – sind sie nicht mehr als visuelle Chiffren.

In der Zeit vor der Erfindung des Filofax, der Tagebücher oder gar der Schrift war mündliche Überlieferung die einzige Methode, um Erinnerungen von einer Generation an die nächste weiterzugeben. Was nicht erzählt wurde, verschwand aus dem kollektiven Bewusstsein, es war damit für immer vergessen. Deshalb kam dem Gedächtnis enorm große Bedeutung zu – die Menschen der Antike erkannten, dass das kulturelle Erbe ohne Erinnerung verloren wäre. Es gab im antiken Athen einige Bibliotheken und auch begrenzten Buchhandel, doch nichts konnte eine weise Person mit einem guten Gedächtnis ersetzen.

Wir alle kennen Homer, den großen Ependichter, dessen Erzählkunst um nichts weniger heroisch war als die griechischen und trojanischen Helden, von denen er sang. Homer verließ sich zweifellos auf überlieferte dichterische Formen, improvisierte über bekanntes Material und mag hilfsweise schriftliche Aufzeichnungen angefertigt haben, zumindest für die Illias, die 16 000 Verse umfasste und deren Vortrag vier oder fünf Abende gedauert haben muss. Dennoch besteht kein Zweifel, dass seinen Fähigkeiten als Vortragender hervorragende Gedächtnisleistungen zugrunde lagen.

Homers Epen existierten in Variationen, bevor sie durch Niederschrift festgelegt wurden. Einen Gegensatz dazu bildet die vedische Tradition in Indien, wo man glaubte, dass Fehler im Vortrag der heiligen Hymnen des *Rigveda* ein Ungleichgewicht im Kosmos verursachen, das schrecklichen Folgen für die ganze Menschheit hat. Um eine solche Katastrophe zu vermeiden, schulten die vedischen Priester ihr Gedächtnis äußerst sorgfältig. Dies führte zu einem ungewöhnlichen Phänomen: eine heilige Schrift, die der ursprünglichen, gesprochenen Form sehr nahe kommen soll.

Geschichtenerzählen eignet sich gut für lange Winterabende. Das mag eine Erklärung für die nordeuropäischen Mythen des Mittelalters sein: ausgedehnte Erzählungen von Göttern, Riesen, Drachen und seltsamen Verwandlungen, deren Ursprünge unbekannt sind, die jedoch sicherlich auf mündliche Überlieferungen zurückgehen. Diese grotesken und magischen Episoden eignen sich perfekt zum Einprägen, sie stellen eine Verbindung des Surrealen mit der Erinnerung her, bis heute eine der effektivsten bekannten Gedächtnistechniken. Denn was könnte lebendiger sein als Ragnarok, der letzte große apokalyptische Kampf zwischen Göttern und Riesen, der in der skandinavischen Mythologie das Ende der Welt markiert? Solche beeindruckenden Geschichten werden schwerlich vergessen.

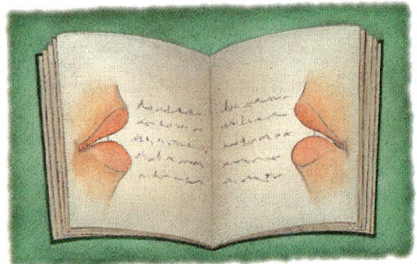

Die Griechen der Antike

Mnemotechnik – Gedächtnistechnik – ist ein Wort, das auf Mnemosyne zurückgeht, die griechische Göttin des Gedächtnisses, die der Mythologie zufolge alles aus Vergangenheit, Gegenwart und Zukunft weiß. Sie wurde für das Zentrum allen Lebens und der Kreativität gehalten und ist die Mutter der neun Musen, die alle Bereiche von Literatur, Wissenschaft und Kunst inspirieren. Ferner gibt es den Mythos, dass die Erinnerungen eines Sterblichen, der aus dem Totenfluss Lethe trinkt, für immer verloren sind. Diese mythischen Zusammenhänge lassen darauf schließen, dass das Gedächtnis für die Griechen der Antike die Quelle aller Inspiration und des Lebens darstellte und dass sein Verlust dem Tod gleichzusetzen war.

Der „Vater" des Gedächtnistrainings war Simonides von Ceos, ein griechischer Lyriker, der zwischen dem 5. und 6. Jahrhundert v. Chr. lebte. Nachdem er eine Rede bei einem Bankett gehalten hatte, wurde Simonides nach draußen gerufen, da zwei Männer auf ihn warteten. Als Simonides das Haus verlassen hatte, stürzte das Gebäude in sich zusammen und begrub alle Anwesenden. Bei den beiden Männern soll es sich um die Zwillingsgötter Castor und Pollux gehandelt haben, die Simonides retteten, weil er sie in seiner Rede gepriesen hatte. Die Leichen unter den Trümmern waren bis zur Unkenntlichkeit entstellt, doch weil er sich genau erinnerte, wer wo gesessen hatte, konnte Simonides den Familien beim Identifizieren helfen.

Simonides hat das erste Prinzip des Gedächtnisses demonstriert: das Prinzip des Ortes. Indem wir Dinge, an die wir uns erinnern müssen, mit bestimmten Orten verknüpfen – etwa den Räumen eines Hauses oder den Stühlen um einen Tisch – geben wir unzusammenhängenden Daten eine logische Struktur. Dadurch können wir sie uns leichter merken. Um mehrere Daten zu erinnern, etwa Namen, eine Einkaufsliste oder die Stichworte für eine Rede, durchwandert man in der Vorstellung jenen Ort, an dem die Daten gespeichert wurden. Interessanterweise stammt ja das englische Wort „topic" für „Thema" vom griechischen „topos", „Platz".

Obwohl die griechischen Texte zum Thema Gedächtnis verloren gingen, sind die Techniken in lateinischen Texten aus dem 1. Jahrhundert vor und nach Christus festgehalten (siehe Seite 18). Sie bestätigen, dass die Griechen viele Regeln entwickelten, um die Verlässlichkeit der Verortungsmethode zu steigern. Zum Beispiel sollte der Ort dem Erinnernden vertraut sein, und es sollten möglichst viele Menschen und Handlungen verwendet werden, um die Visualisierungen einprägsamer zu machen. Man glaubte, dass die Sinne beim Erinnerungsprozess eine große Rolle spielen, insbesondere das Sehen. Bereits der Philosoph Aristoteles soll die Bedeutung von Assoziationen erkannt haben – das mentale Herstellen von Verbindungen, die es uns ermöglichen, kleine, logische Schritte beim Speichern und Abrufen von Erinnerungen zu machen. Wir werden solchen Ideen auch in diesem Buch begegnen, weil sie bis heute für die Steigerung unserer Gedächtnisleistung Gültigkeit besitzen.

Eine wunderbare und schöne Erfindung ist das Gedächtnis, nützlich für das Lernen und für das Leben.

Dialexeis
400 v. Chr.

Die Römer der Antike

Auch bei den Römern hatte das Erinnerungsvermögen sehr große Bedeutung. Sie waren von den Gedächtnisleistungen geübter Redner stark beeindruckt und erkannten rasch ihren Wert für die Politik. Die Merkfähigkeit wurde für einen grundlegenden Bestandteil der Rhetorik gehalten. Wie könnte ein Redner auch ein leidenschaftliches Plädoyer oder eine überzeugende Stellungnahme abgeben, wenn er die Struktur seiner Rede nicht im Kopf behalten könnte?

Der vielleicht bekannteste Römer, der sich mit dem Gedächtnis beschäftigte, war der Politiker und Redner Cicero (106 – 43 v. Chr.). Mit seinem berühmten Buch *De Oratore* („Über den Redner") brachte er der lateinischen Welt die griechischen Merktechniken näher. Auch Quintilian (ca. 35 – 95 n. Chr.) schrieb ein einflussreiches Werk, *Institutio Oratoria* („Lehrbuch der Redekunst"), in dem er die Prinzipien der Verortung an einer römischen Villa darlegte (siehe Seite 16). Die vollständigste Darstellung klassischer Merktechniken ist in *Ad Herennium* (ca. 85 v. Chr.) enthalten, das vor den oben genannten Autoren datiert wurde und von einem unbekannten Knaben geschrieben worden sein soll. *Ad Herennium* trifft eine sehr wichtige Unterscheidung zwischen Gedächtnisarten, die Cicero und Quintilian beibehielten: jeder besitzt ein natürliches Gedächtnis, die angeborene Merkfähigkeit, und dieses kann durch das künstliche Gedächtnis verbessert werden – die Merktechniken. Nach Cicero benötigen wir solche Hilfsmittel in individuell unterschiedlichem Ausmaß. Er selbst hatte ein gutes natürliches Gedächtnis und konnte drei Stunden ohne Unterbrechung sprechen, doch gab er zu, dass auch sein Gehirn künstliche Unterstützung benötigte.

Niemals hätte sich uns die Macht des Gedächtnisses offenbart, noch seine Göttlichkeit, wenn wir nicht erkannt hätten, dass nur dadurch die Redekunst ihren Ruhm erreichen konnte.

Quintilian
ca. 90 n. Chr.

Das Schicksal des Gedächtnisses

Im Mittelalter entwickelte sich eine neue Auffassung vom Nutzen der Merktechniken. Die Scholastiker, mittelalterliche Gelehrte, adaptierten klassische Erinnerungsmethoden, um Religion und Ethik zu predigen. Der Missionar Matteo Ricci setzte sie ein, um den Chinesen das Christentum näherzubringen. Bei uns bekam das Erinnern an die Vergangenheit den Zweck, unser Verhalten in der Gegenwart und in der Zukunft anzuleiten. Zudem wurden Laster und Tugenden in Bildern besonders lebhaft dargestellt. Viele Priester setzten damals in ihren Predigten auf anschauliche Details, um die Hoffnung auf

Giulio Camillos Gedächtnistheater

Im 16. Jahrhundert erlangte der ialienische Philosoph Giulio Camillo großen Ruhm für sein Gedächtnistheater. Dessen Ziel war es, im Geist die Erinnerung an die verlorene Göttlichkeit zu wecken. Anstatt imaginäre Theater nur zu beschreiben, konzipierte, gestaltete und baute er reale Theater aus Holz und stellte sie in Italien und Frankreich aus, wo sie auf sehr großes Interesse trafen.

Jedes Theater war so groß, dass zwei Menschen auf der Bühne stehen konnten. Der Zuschauerraum war mit Säulen und Götterstatuen gefüllt, um das zu repräsentieren, was der Geist ersinnen kann und was in der Seele verborgen ist. Camillo behauptete, dass man sich eine des Cicero würdige Rede einprägen kann, wenn man die Stichworte mental an den Säulen und Statuen verortet.

das Himmelreich, die Furcht vor der Hölle und die Lektionen der Kirche im Geist der Menschen zu verankern.

In der Renaissance lebte das Interesse an klassischen Traditionen und humanistischen Fragestellungen wieder auf, was die Gedächtnisforschung, ebenso wie die Kunst und die Wissenschaft, zur Blüte brachte. Merktechniken blieben nicht länger auf die Religion beschränkt. Tatsächlich schwang das Pendel zurück, und einige hielten diese Methoden gar für Teufelswerk. Theoretiker wie Giulio Camillo (1480 – 1544) und Giordano Bruno (1548 – 1600) verfolgten Platos Idee, dass die Menschheit durch das Gedächtnis Leben und Tod transzendieren und sich so mit dem Göttlichen vereinigen könne. Sie glaubten, dass wir mit Hilfe des Gedächtnisses Gottes Geist verstehen und die Ordnung der Natur interpretieren können. Camillo erfand eine Reihe von ausgeklügelten „Gedächtnistheatern" (siehe Kasten Seite 19), während Bruno konstatierte, dass der Schlüssel zur Erreichung des Göttlichen in der Organisation des Bewusstseins und seiner blockierten Erinnerungen liegt. Bruno erfand schließlich so genannte Gedächtnisräder, die die Umlaufbahnen der Sterne und Planeten zeigten. Darauf platzierte er Symbole von Künsten, Sprachen und Wissenschaften und setzte Assoziationen ein, um Bilder und Fakten in seinem Geist mit diesen Symbolen zu verbinden. Während er den Himmel beobachtete, sollten die Bilder, die er mit dem Himmelreich assoziiert hatte, dem Gedächtnis zugewiesen werden und das Gehirn sollte so die Ordnung der Welt erkennen. Bruno wurde 1600 als Häretiker auf dem Scheiterhaufen verbrannt.

Während die Wissenschaften in den folgenden Jahrhunderten erblühten, sank das Interesse am Gedächtnis, doch der Gebrauch von Merktechniken verschwand nie ganz. Im 18. Jahrhundert, dem Zeitalter der Vernunft, versuchten die Menschen den Lauf der Welt zu verstehen und ein System zu finden, das hinter der Natur und

dem menschlichen Geist liegt. Das Gedächtnis wurde Objekt der allgemeinen biologischen Forschung. Man konzentrierte sich darauf herauszufinden, wie das Gehirn Erinnerungen speichert. Diese Zugangsweise vernachlässigte alle Merktechniken, die mit Kreativität zu tun haben – und die Vorstellung, dass ein gutes Gedächtnis ein Kennzeichen von intellektueller Brillianz ist, kam ins Wanken.

Im 19. Jahrhundert sah man das Gedächtnis nicht als mysteriöses und spirituelles Phänomen, sondern eher als leeres Gefäß, das durch mechanisches Lernen und das Repetieren von Information gefüllt werden kann. Damals entstand auch das Bild des strengen Schulmeisters, der seinen Schüler mit Hammerschlägen Fakten beibringt. Auswendiglernen wurde zur Grundlage des Erziehungssystems und ist bis heute ein wichtiger Faktor schulischen Lernens. Hier spiegelt sich eine Ethik von harter Arbeit wider, der Unwille an andere, schnellere Verfahren zu glauben und ein profundes Misstrauen gegenüber der menschlichen Vorstellungskraft.

Kinder, die Geographie lernen, könnten jeden bekannten Stamm in Afrika benennen und jede noch so kleine Insel im Pazifik, ohne den Namen oder den Verlauf des Flusses zu kennen, der durch ihre eigene Heimatstadt fließt.

Bericht eines englischen Schulinspektors 1846

Gedächtnis in der Moderne

Im 20. Jahrhundert änderte die Gedächtnisforschung ihren Ansatz. Anstatt immer neue Wege zur Verbesserung unserer Merkfähigkeit zu suchen, richtete sich das wissenschaftliche Interesse auf ein besseres Verständnis dessen, wie Erinnerungen entstehen und gespeichert werden. Eine der bemerkenswertesten Gedächtnisstudien führte der russische Psychologe Alexander Luria zwischen 1920 und 1950 durch. Sein Untersuchungsobjekt „S" war ein Journalist namens Shereshewski, der seine Kollegen verwirrte, weil er sich bei Redaktionssitzungen niemals Notizen machte. Er brauchte sie nicht, denn er konnte sich an jedes Wort, jeden Namen, jedes Datum und jede Telefonnummer erinnern. Als Luria S mit immer komplexeren Daten testete, die S noch Jahre später reproduzieren konnte, wurde deutlich, dass S alles, was er hörte, in starke mentale Bilder oder sinnliche Erlebnisse übersetzte, wodurch er erstaunlichen Fähigkeiten erlangte. Doch S tat dies nicht bewusst. Er litt unter einem Zustand namens Synesthesie, bei dem die Grenzen der Sinne gelegentlich verschwimmen, so dass er das Wort „Türe" lesen und gleichzeitig einen salzigen Geschmack verspüren oder die Farbe Rot sehen konnte. Diese Erkrankung zeigt, wie die Sinne im Erinnerungsprozess eine Reihe imaginärer Haken produzieren können, an denen Informationen festgemacht werden.

Seither haben Psychologen hunderte anderer Personen studiert, manche mit ungewöhnlichen Gedächtnisstörungen oder -fähigkeiten, die meisten jedoch mit ganz normaler Gedächtnisfunktion und -kapazität. Die Forschung ergab einige Theorien über Erinnerungsprozesse. Obwohl viele Aspekte der Gedächtnisphysiologie ein Geheimnis bleiben, wird uns immer mehr bewusst, wie intelligent die Methoden der griechischen und römischen Antike sind und wie gut sie die Funktionsweise des menschlichen Gehirns erfassen.

Die jüngsten Entwicklungen finden durch Maschinen statt. Das Gedächtnis wird angesichts der technischen Hilfsmittel zur Aufnahme von Informationen, vom Videorekorder bis zum Laptop, immer bedeutungsloser. Wir definieren unsere Computer durch Speicherkapazität und Zugriffsgeschwindigkeit und staunen über die Vielseitigkeit des Internet. Doch wir weigern uns, das volle Potenzial unseres Gehirns zu erkennen. Merkfähigkeit wird in Schulen nicht unterrichtet und dennoch bei den Prüfungen getestet. Die meisten Menschen wissen gar nicht, dass das Gedächtnis durch Techniken verbessert werden kann, die leicht zu lernen sind. Es gilt, das Vertrauen der Antike in den menschlichen Geist wiederzubeleben.

Der Gedächtnischip

Der Computer wird häufig als Analogie zur Funktionsweise unseres Gedächtnisses bemüht. Doch ist das wirklich angemessen? Ein Unterschied besteht in der jeweiligen Art, Informationen auszuwerten. Ein Computer speichert Daten und wird, wenn er die entsprechenden Befehle erhält, diese Informationen genau so reproduzieren, wie sie eingegeben wurden. Im menschlichen Gedächtnis sind die Informationen, die wir speichern und wiedergeben, subjektiv – sie sind Stimmungen, Ansichten, der Erziehung und noch vielen anderen sozialen Faktoren unterworfen.

Ein weiterer Unterschied liegt darin, dass wir Schichten von Informationen im selben „Dokument" speichern können. Im Speicher eines Computers sind Daten, die überschrieben werden, für immer verloren.

GEDÄCHTNISLABYRINTH

Wie das Gedächtnis arbeitet

Im 4. Jahrhundert v. Chr. postulierte der griechische Philosoph Plato, dass die Erinnerungen in unserem Gehirn wie mit einem Stift auf einer Wachstafel eingraviert werden. Die Gravuren verblassen, um dann durch etwas Neues ersetzt zu werden. Diese Theorie ist zwar erfreulich einfach, entspricht jedoch nicht den komplizierten Gehirnvorgängen, mit denen wir etwas aufnehmen, speichern und abrufen. Trotz intensiver wissenschaftlicher Forschung ist und bleibt das Gedächtnis ein geheimnisvolles Phänomen – ein Labyrinth, in dem überraschende Selbsterkenntnisse auf uns warten, wenn wir mehr von unseren geistigen Kapazitäten nutzen. In diesem Kapitel betrachten wir die physiologischen und psychologischen Grundlagen des Gedächtnisses. Natürlich müssen wir nichts von Elektrizität verstehen, um das Licht anzuschalten. Eine Ahnung von den Vorgängen in unserem Gehirn macht uns jedoch dankbarer für dieses wunderbare Geschenk.

Die Landschaft des Verstandes

Das Gedächtnis war für uns immer lebenswichtig. Frühe Nomadenstämme mussten sich merken, wo es Wild, Nüsse und Beeren gab und wo sie im Winter Schutz finden konnten. Am wichtigsten war vielleicht, sich Gesichter einzuprägen, um abschätzen zu können, ob sich ein Freund oder ein Feind näherte. Das Gedächtnis hat sich gemeinsam mit anderen Teilen unseres Verstandes und mit dem Gehirn selbst entwickelt. Auch wenn unser Gehirn eine hochkomplizierte Struktur besitzt, bietet der folgende Überblick über einige Regionen und Funktionen ein Basiswissen darüber, wie unser Gedächtnis arbeitet.

Das Gehirn eines Erwachsenen wiegt etwa 1 000 bis 1 500 Gramm und weist die Konsistenz eines weich gekochten Eies auf. Es fungiert als Befehlszentrale und Prozessverwaltung für die primären physiologischen und kognitiven Funktionen wie Bewegung, Sprache, Denken, Wahrnehmung. Es ist zugleich das Kraftwerk des Gedächtnisses.

Der untere Teil des Gehirns enthält den *Hirnstamm*, der das Gehirn mit dem Rückenmark verbindet. Daran schließt das *Kleinhirn* an, das die Körperbewegungen koordiniert. Über dem Hirnstamm befindet sich der *Thalamus*, der unsere Emotionen beeinflusst. Unterhalb des Thalamus sitzt der *Hypothalamus*, eine etwa erbsengroße Region, die die Körpertemperatur, Schlaf und Gefühle kontrolliert. Thalamus und Hypothalamus gemeinsam nennt man das *Mittelhirn*. Die höheren, komplexeren Funktionen des Gehirns, die den Menschen einzigartig machen, sind in den oberen Regionen, im Kleinhirn, beheimatet. Dazu gehören das Gedächtnis, die Sprache und die Kreativität.

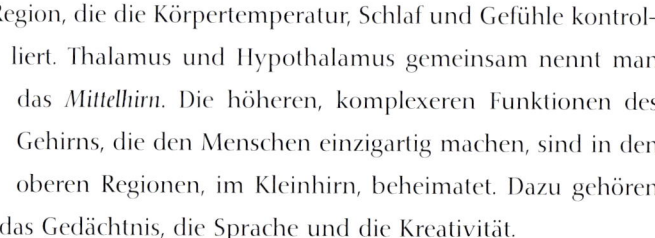

DIE LANDSCHAFT DES VERSTANDES

Am wichtigsten für das Gedächtnis ist der *cerebrale Cortex*, die Gehirnschicht, die das Kleinhirn bedeckt. Der Cortex ist groß und sehr faltig, so dass seine Oberfläche vergrößert ist und mehr Zellen enthält. Obwohl er nur 25 Prozent des Gehirnvolumens ausmacht, befinden sich hier 75 Prozent der Gehirnzellen, die Neuronen. Vor allem ist der Cortex für die Aufnahme und Verarbeitung sensorischer Informationen verantwortlich. Der Cortex beinhaltet zwei große Regionen, die Stirnlappen, von denen man glaubt, dass sie am Speichern und Abrufen von Erinnerungen beteiligt sind. Die Gehirnlappen stehen mit Emotionen, Persönlichkeit und Intelligenz in Zusammenhang.

Das Gehirn besteht aus etwa 10 Milliarden Nervenzellen. Diese verbinden sich bei geistiger Aktivität jedesmal durch winzige Fasern, die Axonen und Dendriten, mit einem oder mehreren Neuronen. Es gibt erkennbare Neuronengruppen, doch im Prinzip kann jede Nervenzelle mit jeder anderen kommunizieren um einen Gedanken zu formen oder eine Aktion auszulösen. Jedesmal, wenn wir uns etwas einprägen, senden bestimmte Neuronen elektrische Impulse mit Lichtgeschwindigkeit entlang ihrer Axonen aus. Diese werden von den Dendriten anderer Neuronen aufgenommen, wodurch sich eine Art elektrischer Schaltkreis im Gehirn bildet.

Ein Neuron kann hunderte Dendriten haben. Zwischen jedem Dendrit und jeder Faser am Ende eines Empfangszellenaxons befindet sich ein schmaler Spalt, bekannt als *Synapse*. Wenn unser Gehirn aktiv ist, lösen elektrische Impulse entlang der Axonen die Ausschüttung chemischer Botenstoffe, so genannter *Neurotransmitter*, aus. Unterschiedliche Arten von Neurotransmittern transportieren unterschiedliche Arten von Informationen. *Serotonin* wirkt zum Beispiel als natürliches Schmerzmittel, während *Dopamin* einige Bewegungsabläufe unterbindet. Zusätzlich gibt es zwei verschiedene Arten von Synapsen: die *erregenden Synapsen*, die einen elektrischen Impuls im nächsten Neuron stimulieren, und die *hemmenden Synapsen*, die den Impuls unterbinden. Gemeinsam kontrollieren sie die Aktivität des Gehirns, das in jedem Augenblick Milliarden Impulse weiterleitet. Die regulierende Tätigkeit der Synapsen ist zum Großteil dafür verantwortlich, wie wir Erinnerungen kodieren.

Das Gehirn wird durch Membranen, die *Meningen*, geschützt. Diese sind umgeben von der Gehirn- und Rückenmarkflüssigkeit, die als Dämpfer zwischen Gehirn und Schädel wirkt. Sie versorgen das Gehirn auch mit Sauerstoff und Nährstoffen. Das Gehirn benötigt ständig Proteine, Enzyme, Salze und andere Moleküle wie Glukose und Kalziumionen zur Bildung von Neurotransmittern für das Wachstum der Axone und Dendriten sowie zum Speichern von Erinnerungen. Die ständige Aktivität bringt einen hohen Sauerstoffbedarf mit sich. Das Gehirn macht zwar nur drei Prozent des Körpergewichts aus, verbraucht jedoch 20 Prozent des Sauerstoffs.

Das Gehirn, das ist Geheimnis und Gedächtnis und Elektrizität.

Richard Selzer
1928

DIE LANDSCHAFT DES VERSTANDES

Den „Jizz" erhaschen

ÜBUNG EINS

Wir erkennen Leute, die wir kennen, sofort und ohne über deren besondere Merkmale nachzudenken, die dies ermöglichen. Vogelforscher identifizieren Vögel auf ähnliche Art. Sie nennen es „Jizz", abgeleitet von „General Impression by Shape and Size" – „allgemeiner Eindruck von Gestalt und Größe". Menschlicher „Jizz" umfasst die offensichtlichen Kennzeichen des Gesichts, aber auch viel feinere Charakteristika, wie bestimmte Gangarten, das Neigen des Kopfes, die Art, wie die Arme aus einer zu kleinen Jacke herausragen. Diese Übung demonstriert die außergewöhnlichen Fähigkeiten des Gehirns, selbst die subtilsten Hinweise wahrzunehmen.

1. Sehen Sie sich in Ihrer Nachbarschaft nach Menschen um, die Sie vom Sehen kennen. Suchen Sie alles ab und schauen Sie sich auch weit entfernte Figuren an. Sicher machen Sie vertraute Silhouetten aus, auch wenn Sie Ihnen nicht persönlich bekannt sind.

2. Spezifizieren Sie die Merkmale, die solche Figuren erkennbar machen. Bis zu welcher Distanz können Sie verlässlich identifizieren? Sie werden von Ihren Erkennungsfähigkeiten überrascht sein – diese hängen mit unbewusst gespeicherten Erinnerungen zusammen.

Linke und rechte Gehirnhälfte

Das Großhirn, der obere Teil des Gehirns, wo Erinnerungen und Fähigkeiten wie Sprache situiert sind, ist in zwei Hemisphären geteilt. Die linke Gehirnhälfte kontrolliert die rechte Körperhälfte, die rechte Gehirnhälfte steuert die linke Körperseite, auch wenn niemand erklären kann, warum das so ist. Ein dichtes Netzwerk aus Fasern, der *Balken* oder *Corpus callosum*, überbrückt den Spalt zwischen den Gehirnhälften und verbindet sie miteinander. Wenn der Balken zerstört ist, ist die Körperwahrnehmung geteilt. Jede Gehirnhälfte verarbeitet weiterhin die Erfahrungen der entsprechenden Körperhälfte, doch die beiden Gehirnhälften wissen nichts vom Verhalten, den Erfahrungen oder Sinneseindrücken der jeweils anderen Seite.

Wissenschafter glaubten früher, dass die beiden Gehirnhälften für unterschiedliche geistige Funktionen zuständig sind. Tatsächlich werden Informationen in beiden Hemisphären in unterschiedlicher Weise verarbeitet. Bei den meisten Menschen ist die linke Gehirnhälfte auf serielles Verarbeiten spezialisiert: Informationen werden linear analysiert, eine nach der anderen. Das ist ideal für das Hören und Erinnern von Gesprochenem, für nummerische Informationen und logisches Problemlösen. Die rechte Gehirnhälfte verarbeitet parallel: Teile von Information werden gleichzeitig und als Ganzes verarbeitet. Daher ist sie besser gerüstet für das Erkennen und Erinnern von Bildern, Gestalten und Gefühlen. Die linke Hälfte ist der Analytiker, die rechte der Ästhet. Epileptiker, denen man in den 60er Jahren den Balken durchtrennte, „vergaßen", wie man mit der linken Hand schreibt und mit der rechten zeichnet. Das war zu erwarten, denn jede Hand wird von der gegenüberliegenden Gehirnhälfte gesteuert.

Die Grenze ist jedoch nicht klar gezogen. Die linke Gehirnhälfte ist im Stande wenn nötig parallel zu verarbeiten, ebenso kann die rechte Hälfte linear analysieren. Trotzdem beginnt die Spezialisierung früh und scheint genetisch vorprogrammiert. Messungen der elektrischen Gehirnaktivität bei Neugeborenen zeigen, dass die linke Gehirnhälfte auf ein Klicken reagiert, die rechte auf einen Lichtblitz. Ausserdem variiert das Ausmaß an logischer bzw. kreativer Gehirnaktivität zwischen den Geschlechtern. Weibliche Gehirne zeigen sich flexibler als männliche, wenn die linke Gehirnhälfte einer Frau beschädigt ist, verliert sie weniger von ihren sprachlichen Fähigkeiten.

Um die maximale Kapazität unseres Gehirns und damit unseres Gedächtnisses zu nutzen, müssen wir bei allem, was wir denken und tun, beide Gehirnhälften einsetzen. Das funktioniert meist automatisch. Wenn wir etwa ein Instrument spielen, stammt unsere Liebe zur Musik aus der rechten Gehirnhälfte, doch das Erinnern der Melodie und der Handgriffe zum Bedienen des Instruments findet in der linken Gehirnhälfte statt. Musiker, deren linke Hemisphäre verletzt wurde, können nach wie vor Liebe für Musik empfinden, auch wenn sie nicht mehr komponieren, spielen oder richtig singen können.

Um unser Gedächtnis zu verbessern müssen wir bei allen Vorgängen des Einprägens und Wiedergebens bewusst beide Gehirnhälften einsetzen: wenn wir neue Informationen aufnehmen, wenn wir sie in unserem Gehirn speichern und so eine Erinnerung anlegen und wenn wir den Prozess der Wiedergabe einleiten, der Information zurück ins Bewusstsein bringt. Sämtliche Merktechniken in diesem Buch beruhen auf dem Prinzip, dass Logik und Kreativität nötig sind, damit Erinnerungen einen dauerhaften Eindruck im Gehirn hinterlassen. Nur das ermöglicht eine optimale Wiedergabe.

Gedächtniswellen

Das Gehirn ist ständig aktiv, auch wenn wir schlafen. Während der chemischen Prozesse, die Erinnerungen schaffen, und auch bei anderen mentalen Funktionen geben die Neuronen spontan Impulse in variablen Intervallen ab. Dadurch entstehen elektrische Ladungen mit unterschiedlicher Spannung. Die Frequenzen dieser elektrischen Aktivität werden *Gehirnwellen* genannt.

Die wissenschaftliche Forschung hat herausgefunden, dass wir je nach Verhalten und Denktätigkeit unterschiedliche Gehirnwellen produzieren. Der Betarhythmus ist der normale Rhythmus des Gehirns, wenn wir wach und aktiv sind. Seine Geschwindigkeit hängt vom Aktivitätsniveau und vom Stresslevel ab, bei Stress emittieren wir schnellere Betawellen. Wenn wir zwar wach sind, aber mit geschlossenen Augen ruhen, fließen die Gehirnwellen im Alpharhythmus. Manchmal erzeugen wir zwei oder auch mehrere verschiedene Rhythmen gleichzeitig. Wenn wir uns zum Beispiel im Tiefschlaf befinden, senden wir eine Mischung aus Thetawellen, die langsamer als Alphawellen sind, und den ganz langsamen Deltawellen aus. Während der Traumphase oder wenn wir müde sind, erzeugt das Gehirn nur Thetawellen.

Um unsere Fähigkeit zum Aufnehmen, Speichern und Wiedergeben von Informationen zu optimieren, müssen wir unser Gehirn dann nutzen, wenn es am aufnahmefähigsten ist. Dies ist der Fall, wenn es Thetawellen aussendet, am besten in Kombination mit Alphawellen. Da wir uns während des Schlafens nichts einprägen können, wie lässt sich dann diese Erkenntnis praktisch nutzen? Wenn wir einen Weg finden, unser Gehirn im Wachzustand in Theta- und

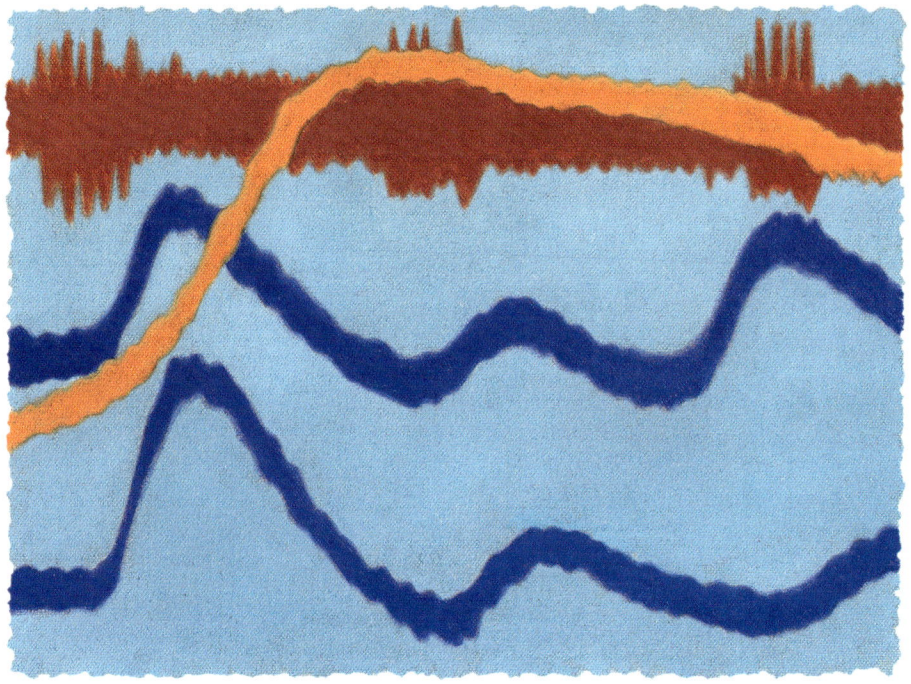

Alpharhythmen zu versetzen, ist das ein für Erinnerungsprozesse optimaler Zustand. Dazu müssen wir nur lernen, uns zu entspannen. Ich habe viele Jahre lang meditiert, was nicht nur meinem emotionalen Wohlbefinden zugute kommt, sondern es mir auch ermöglicht, meinen Gehirnrhythmus für effektives Memorieren bewusst zu verlangsamen. Eine der einfachsten meditativen Übungen ist es, sich auf die Atmung zu konzentrieren. Versuchen Sie sich zehn Minuten täglich geistig zu entspannen. Schließen Sie die Augen und ziehen Sie langsam Luft durch die Nase ein. Atmen Sie durch die Nase aus: fokussieren Sie die Luft, die durch das rechte Nasenloch ausströmt. Atmen Sie ein und konzentrieren Sie sich beim Ausatmen auf das linke Nasenloch. Wenn Sie sich etwas einprägen, versuchen Sie zu diesem ruhigen Zustand zurückzukehren.

Gedächtnisarten

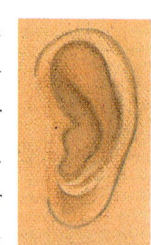

Wir verwenden unser Gedächtnis ständig. Neue Gedanken und Erfahrungen treffen im Gehirn auf eine Unmenge bestehender Erinnerungen, ob wir uns dessen bewusst sind oder nicht. Sie interagieren mit dem neuen Reiz, interpretieren, klassifizieren und verändern ihn auch häufig, um ihn in ihr Schema einzupassen. Der Anblick eines Pilzes mit rotem Hut mag an den Geschmack von wilden Pilzen erinnern und gleichzeitig an Warnungen aus der Kindheit ihn nicht zu essen. Es kann sein, dass wir die Stimme des Elternteils hören, der die Warnung ausgesprochen hat. Gleichzeitig gibt es eine Fülle anderer, flüchtiger Erinnerungen. Einen Teil des Gehirns mag die Gestalt des Pilzes an eine atomare Explosion erinnern. Ein anderer Teil wird auf die rote Farbe reagieren, sie mit Blut und Gefahrensignalen verbinden. Die meisten Assoziationen werden so kurz andauern, dass wir sie nicht bemerken. Viele davon werden dennoch unser Verhalten mitbestimmen.

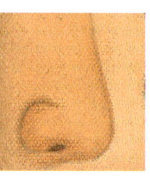

Seit dem 19. Jahrhundert haben Wissenschafter versucht, die Vielfalt der Gedächtnisfunktionen in Kategorien einzuordnen, die in unterschiedlichen Teilen unseres Gehirns beheimatet sind. Obwohl diesen Versuchen Regionen zu definieren nur beschränkter Erfolg zuteil wurde, haben einige dieser Klassifikationen überlebt. Die wichtigste davon unterscheidet zwischen sensorischem Gedächtnis, Kurzzeitgedächtnis (KZG) und Langzeitgedächtnis (LZG).

Das **sensorische Gedächtnis** währt am kürzesten. Die rohe Information der Sinne – Sehen, Hören, Schmecken, Riechen, Tasten – fließt in einen sensorischen Speicher, der auf mehrere Regionen im Gehirn aufgeteilt ist. Jedem Sinn ist ein Gebiet zugeordnet, das für die Verarbeitung seiner Reize verantwortlich ist. Visuelle Informationen werden zum Beispiel an der Rückseite des Cortex verarbeitet, während das primäre Hörzentrum im Temporallappen situiert ist. Es gibt auch so genannte Assoziationsgebiete im Gehirn, welche die sensorischen Regionen verbinden und den Zusammenfluss der verschiedenen Sinnesreize zu einem sinnvollen Ganzen ermöglichen.

Die Informationsmenge, die im sensorischen Gedächtnis gespeichert werden kann, ist praktisch unbeschränkt, doch die Daten bleiben nur für einen Sekundenbruchteil erhalten, bevor sie durch neue Reize ersetzt werden. Ein Bild im visuellen Cortex besteht lange genug, dass ein moderner Film, der mit 24 Bildern pro Sekunde läuft, kontinuierlich aussieht: Das vorige Bild ist noch im Cortex, wenn das Nächste projiziert wird. Stummfilme mit einer Geschwindigkeit von 18 Bildern pro Sekunde flackern, weil das nächste Bild kommt, wenn das Vorige bereits verblasst. Auditive Informationen scheinen länger zu halten als die Daten anderer Sinne, sie bleiben einige Sekunden im sensorischen Gedächtnis, bevor sie verschwinden.

Der sensorische Speicher filtert Sinneseindrücke und überwacht sie auf unbewusstem Niveau. Die große Mehrheit der Informationen wird sofort ausgeschieden, nur ein kleiner Bruchteil übersteht das Auswahlverfahren, weil er bestimmten Kriterien entspricht – zum Beispiel, wenn ein Bild sehr farbintensiv ist oder sich schnell bewegt oder wenn ein sonst überhörter Satz einen vertrauten Namen enthält. Diese Daten werden dem Kurzzeitgedächtnis übergeben. Das ist kein einfacher Prozess. Für das sensorische Gedächtnis ist ein Apfel nichts weiter als ein roter oder grüner, glänzender, runder Gegenstand. Damit wir einen Apfel als solchen wahrnehmen, muss diese Information zuerst an das Langzeitgedächtnis weitergeleitet und mit den dort vorhandenen Elementen verglichen werden. Wenn sich bei diesem Erkenntnisversuch eine annähernde Entsprechung findet,

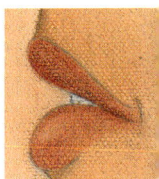

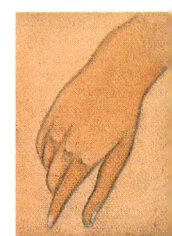

kann das Gehirn eine Kurzzeiterinnerung anlegen. Dieser komplizierte Prozess findet fast augenblicklich statt.

Das **Kurzzeitgedächtnis** wird auch als aktives Gedächtnis bezeichnet. Es beruht auf der elektrochemischen Aktivität erregter Neuronen und wird für spezielle Aufgaben verwendet, etwa für das Addieren von Zahlen. Das Kurzzeitgedächtnis behält Informationen nur zehn bis 20 Sekunden, dennoch ist es für sämtliche Aktivitäten, die konzentriertes Denken erfordern, lebenswichtig, auch um einen einfachen Satz zu verstehen.

Die Kapazität des KZG ist jedoch beschränkt. Es kann normalerweise ungefähr sieben Informationseinheiten gleichzeitig behalten (siehe Seite 51), ob es sich nun um Zahlen, Wörter oder Bilder handelt. Jeder zusätzliche Input ersetzt etwas Vorhandenes. Deshalb gehen Daten hier leicht durch äußere Ablenkung oder auch durch andere Gedanken verloren. Wenn eine Kurzzeiterinnerung Fokus intensiver Konzentration ist und oft wiederholt wird oder besonders überraschend und emotional ist, kann sie ins Langzeitgedächtnis übergehen. Dabei verändert die neurologische Aktivität im Zusammenhang mit dem KZG die physische Struktur des Gehirns (siehe Seite 42). Diese Veränderung kann Minuten, aber auch Jahrzehnte dauern. Es ist möglich, dass alle Langzeiterinnerungen lebenslang gespeichert werden, doch einige davon sind schwieriger zugänglich als andere. Die Gedächtnisspur verbleibt im Gehirn, doch wir wissen nicht mehr, wie wir sie finden.

In den 70er Jahren war das **Langzeitgedächtnis** Forschungsobjekt von Psychologen und Computerprogrammierern. Man traf eine Unterscheidung zwischen Typen von Langzeiterinnerungen: *deklarative* (oder explizite) und *prozedurale* (oder implizite) Erinnerungen. Das deklarative Gedächtnis ermöglicht uns, Dinge zu benennen und Bezeichnungen richtig zuzuordnen. Es ist die Summe aller Fakten und

Eindrücke, die wir im Laufe unseres Lebens angesammelt haben. Es umfasst Alltägliches wie das gestrige Abendessen, woran wir uns wahrscheinlich nicht länger als einige Tage erinnern, und bedeutsame Ereignisse wie Geburten und Todesfälle, die wir voraussichtlich länger behalten. Alle Erinnerungen, die mit Ereignissen in unserem Leben verbunden sind, nennt man *episodisch*. Sie sind dem Einfluss der Zeit unterworfen und verblassen abhängig davon, ob wir sie häufig oder selten aufrufen und welche Wichtigkeit wir dem Vorfall damals beimaßen. Je stärker der Eindruck ist, den ein Ereignis hinterlässt, desto länger bleibt die Erinnerung bestehen. Im *faktischen* Gedächtnis wird unpersönlicheres Wissen wie mathematische Formeln oder Shakespeare-Zitate gespeichert. Das *semantische* Gedächtnis verleiht all diesen Informationen Sinn, so dass wir, wenn

Haben Tiere ein Gedächtnis?

„Ein Gedächtnis wie ein Elefant haben", heißt, gutes Erinnerungsvermögen zu besitzen, während eines „wie ein Floh" ein schlechtes Gedächtnis meint. Doch können sich Tiere wirklich erinnern? Manche haben ein hochentwickeltes genetisches Gedächtnis – viele Tierarten (wie Pferde und Giraffen) können von Geburt an gehen, eine Fähigkeit, die sie durch die Gene ihrer Eltern geerbt haben.

Viele Verhaltensweisen wilder Tiere sind vorprogrammiert. Sie verlassen sich, im Gegensatz zu Menschen, mehr auf instinktives Verhalten als auf erlerntes.

Dagegen behaupten die Halter von Haustieren, dass diese Zeichen von Erkennen und Lernen zeigen: Denken Sie nur daran, wie die Katze gelaufen kommt, wenn sie die Schritte Ihres Besitzers hört oder wie die meisten Tiere auf ihren Namen reagieren.

wir das Wort „Rose" hören, wissen, dass es sich um eine Blume handelt, die lieblich duftet, als romantisches Symbol gilt und so weiter. Obwohl diese Klassifikation bei einigen Psychologen sehr beliebt ist, bezeichnen sie andere als künstlich, weil sie bedeutende Unterschiede des Speicherns und Erinnerns nicht reflektiert: Das Erlernen eines Shakespeare-Stücks kann für einen Studenten selbst zum Ereignis werden und die Verse könnten in derselben Weise gespeichert werden wie eine Geburtstagsparty.

Andererseits meinen einige Experten, dass das semantische Gedächtnis auf anderen mentalen Prozessen beruht. Unser Gedächtnis für Regeln und Begriffe scheint weit weniger vergesslich als das für Fakten. Wir erinnern uns an die Bedeutung eines Satzes viel länger, als wir den genauen Wortlaut behalten. Bei einem Experiment, bei dem Studenten von einem Jagdausflug amerikanischer Ureinwohner in Kanus erzählt wurde, erinnerten sich diese danach an eine Geschichte über einen Angelausflug mit Booten: Etwas, das ihnen weitaus vertrauter war. Die Worte wurden falsch erinnert, um einen nahe liegenderen Sinn zu ergeben. Man glaubt, dass das Vergessen exakter Fakten dem Schutz des semantischen Gedächtnisses dient.

Das prozedurale Gedächtnis unterscheidet sich stark vom deklarativen, und es dürfte völlig andere Teile des Nervensystems beanspruchen. Diese Gedächtnisfunktion speichert, wie man Dinge tut und ermöglicht uns, erlernte Fähigkeiten wie Fahrrad fahren oder gehen unbewusst anzuwenden. Keine dieser Fähigkeiten wird sehr schnell erlernt, doch es wird häufig behauptet, dass einmal angelegte prozedurale Erinnerungen lebenslang anhalten. Menschen, die jahrelang nicht Rad gefahren sind, erlernen es innerhalb von Minuten wieder. Jockeys, die bei einem Sturz vom Pferd eine so schwere Gehirnverletzung erlitten haben, dass sie ein Pferd nicht mehr als

solches erkennen oder als ihr eigenes identifizieren können, sind trotzdem im Stande zu reiten. Deshalb nimmt man an, dass zwar deklarative Erinnerungen nur im Gehirn existieren, prozedurale jedoch im ganzen Körper gespeichert sind, und zwar in den Nervenzellen, die die Muskeln kontrollieren.

Einige Forscher haben herausgefunden, dass das Bestehen prozeduraler Erinnerungen von der betroffenen Fähigkeit abhängt. Nur kontinuierliche Fähigkeiten, die eine ständig variierende Antwort auf ständig variierende Reize erfordern, bleiben lebenslang eingeprägt. Dazu gehört alles, was wie Fahrrad fahren mit Balance zu tun hat. Fähigkeiten, die eine Abfolge getrennter Handlungen erfordern, etwa Auto fahren, sind nicht annähernd so beständig und können sich ohne Übung in kurzer Zeit verschlechtern.

Wie Erinnerungen entstehen

Um zu verstehen, wie eine Erinnerung entsteht, müssen wir eine Vorstellung von der Funktionsweise des Gehirns haben. Das menschliche Gehirn arbeitet nicht wie ein Computer, auch wenn das in jüngster Zeit eine häufig gezogene Analogie ist. Der Computer funktioniert rein seriell – Daten werden streng linear verarbeitet. Das Gehirn kann auch als „Parallelprozessor" arbeiten, der viele Informationen gleichzeitig verarbeitet und dabei Verbindungen zwischen ihnen herstellt. Computer speichern Daten an präzisen Orten und können schnell auf sie zugreifen. Das Gehirn scheint Erinnerungen weniger systematisch zu speichern – die gleiche Erinnerung kann, zumindest theoretisch, aus vielen verschiedenen Teilen des Gehirns abgerufen werden, auf vielen verschiedenen Wegen. Manche Erinnerungen sind vielleicht gar nicht zugänglich, weil sie beim Speichern ungewöhnlich „beschriftet" wurden und wir nicht wissen, wie wir sie finden. Zum Beispiel könnte man sich an das Ausblasen der Kerzen bei seinem vierten Geburtstag erinnern, doch keine Ahnung davon haben, wer dabei noch im Raum war. Eine mögliche Erklärung dafür besteht darin, dass die Erinnerung an die Gäste nicht unter „Geburtstag" abgelegt wurde, sondern unter einem anderen, nicht mehr nachvollziehbaren Stichwort, etwa „Leute, die mich angestarrt haben".

Trotzdem kann die Computeranalogie hilfreich sein. Eine Erinnerung wird als Resultat elektrischer Signale gespeichert, wobei die physische Struktur des Gehirns verändert wird. Ähnliche elektrische Signale sind beim Abrufen dieser Erinnerung beteiligt. In dem Moment, in dem wir etwas wahrnehmen oder erinnern, wird davon eine Kurzzeiterinnerung angelegt. Das ist eine komplizierte Abfolge

WIE ERINNERUNGEN ENTSTEHEN

elektrochemischer Impulse im Netzwerk der Neuronen in unserem Gehirn. Das extrem komplizierte Muster dieses Netzwerks und die variierenden Frequenzen der Impulse spielen eine bedeutende Rolle beim „Codieren" einer Erinnerung. Tatsächlich stellt das Muster des Netzwerks zwischen den Neuronen nicht die Erinnerung dar, es *ist* die Erinnerung. Das Muster ist weit mehr als nur eine kunstvolle Chiffre des Bewusstseins, es repräsentiert einen aktiven Bestandteil des Bewusstseins, welches nach der modernen Neurologie nur die Summe aller elektrischen Aktivitäten das Gehirns ist.

Der Codierungsprozess ist nur möglich, weil das Gehirn so komplex ist. Es besitzt Milliarden Neuronen, Dendriten und Synapsen. Die Aktivität eines einzelnen Neurons kann eine Kettenreaktion von

Impulsen auslösen, die theoretisch auf mehr Pfaden durch das Gehirn reisen könnten als es Atome im Universum gibt.

Die Interaktionen zwischen den Neuronen einer neuen Kurzzeiterinnerung erzeugen ein Muster, eine *Spur*, die sich schnell verliert, wenn sie nicht in einer Langzeiterinnerung festgeschrieben wird. Ob das passiert, hängt von vielen verschiedenen Faktoren ab – zum Beispiel, ob wir besonders gestresst oder abgelenkt sind. Am Prozess des Festschreibens scheinen der Thalamus und der *Hippocampus*, eine Region nahe des Zentrums unseres Gehirns, beteiligt zu sein. Letzterer kann als Energielieferant für die Bildung von Langzeiterinnerungen in anderen Teilen des Gehirn betrachtet werden.

Das Festschreiben von Erinnerungen hängt von der Formbarkeit des Gehirns ab – der Art, wie es sich ständig selbst verändert. Wir wissen, dass aktive Erinnerungen Muster aus elektrischen Impulsen rund um Neuronen sind. Die Bildung von Langzeiterinnerungen verändert die Physiologie des Gehirns, was eine Erhöhung der Synapsenzahl entlang der betroffenen Spur bedeutet, so dass einige Muster leichter aktivierbar sind als andere. Je einfacher ein Muster herzustellen und zu reproduzieren ist, umso leichter können die damit zusammenhängenden Erinnerungen erzeugt und abgerufen werden.

Wenn ein Neurotransmitter über eine Synapse springt, stimuliert er nicht nur ein elektrisches Signal im Dendriten. Er löst auch die Bildung von *Ribonukleinsäure* (RNA) aus, welche die Produktion von Proteinen in den Gehirnzellen kontrolliert. Aufgrund jüngster Forschung glauben Wissenschafter, dass diese Proteine zur Herstellung von zusätzlichen und größeren Synapsen an den erregten Dendriten herangezogen werden. Dadurch werden die Dendriten noch leichter erregbar und schreiben die Erinnerung fest. Die physischen Gedächtnisspuren durch die permanenten Veränderungen der Gehirnstruktur werden auch als *Engramme* bezeichnet.

Ihre Ziffernspanne finden

ÜBUNG ZWEI

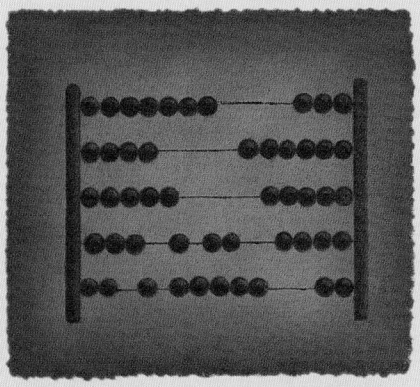

Diese Übung zeigt, wie viele Daten Ihr Kurzzeitgedächtnis (KZG) aufnehmen kann, bevor sie wieder ersetzt werden. Entnehmen Sie dafür dem Telefonbuch zufällige Sequenzen von ganzen Zahlen.

1. Schreiben Sie eine Folge von vier Ziffern in die erste Zeile eines großen Papiers, etwa 5 8 3 7. Schreiben Sie zwei weitere vierstellige Sequenzen darunter. In die vierte, fünfte und sechste Zeile schreiben Sie je fünf Ziffern, in die nächsten drei Zeilen je sechs Ziffern. Setzen Sie fort, bis die untersten drei Zeilen Folgen von zehn Ziffern enthalten.

2. Lesen Sie nun gleichmäßig die erste Ziffernsequenz. Bedecken Sie sie mit einem Stück Papier und versuchen Sie die Ziffern in der richtigen Reihenfolge wiederzugeben. Heben Sie das Papier und kontrollieren Sie sich selbst. Wenn die Wiederholung richtig war, setzen Sie mit der nächsten längeren Sequenz fort. Wenn nicht, versuchen Sie es mit der nächsten gleichlangen Folge nochmals.

3. Setzen Sie dies fort, bis Sie eine Sequenzlänge erreichen, die Sie auch nach drei Versuchen nicht korrekt wiedergeben können. Ihre Ziffernspanne ist die Anzahl von Ziffern in der längsten Folge, die Sie korrekt wiederholen konnten.

Zuverlässigkeit von Erinnerungen

Unser Gedächtnis ist ein einzigartiges, höchst individuelles Talent, wie unser Verstand im Allgemeinen auch. Jede Erfahrung ist subjektiv, und verschiedene Personen werden sich an dasselbe Ereignis unterschiedlich erinnern. Das bedeutet jedoch nicht zwingend, dass einer ein besseres Gedächtnis hat als der andere. Wahrscheinlich sind alle unsere Erfahrungen durch persönlicher Einstellungen gefärbt – Vorlieben, Abneigungen, Stimmungen und Ähnliches. Heißt das, dass wir uns auf unsere Erinnerungen an die Fakten in einer Situation nicht verlassen dürfen? Sollten wir unsere Ansicht dessen, was wirklich passiert ist, skeptisch betrachten? Wenn wir glauben, die Antwort auf eine bohrende Frage gefunden zu haben, können wir unserer Überzeugung dann wirklich trauen?

Die Frage, inwiefern unser Verstand Erinnerungen durch gewisse Mechanismen verzerrt, gehört zu den schwierigsten Herausforderungen der Psychologie. Zum Beispiel können wir Schuldgefühle auf andere Menschen übertragen und unser Gedächtnis könnte unter dem Einfluss dieser negativen Einstellung Vorfälle übertreiben, die eine Person in schlechtem Licht zeigen. Oder wir können schmerzvolle Erlebnisse verdrängen – vielleicht ein unangenehmes Ereignis aus der Kindheit. Ein alltägliches Beispiel für die narkotisierenden Fähigkeiten des Verstandes ist die Geburt. Währenddessen erleben Frauen diesen Vorgang als schmerzhaft und qualvoll. Doch wenn man Mütter später nach ihrer Erinnerung befragt, sagen die meisten, dass sie instinktiv „wissen", dass es schmerzvoll war, doch sie können sich nicht detailliert an die Intensität oder die Schwierigkeit des Ereignisses erinnern. Das ist ein einfacher Überlebensinstinkt,

Das Gedächtnis präsentiert uns nicht, was wir auswählen, sondern was ihm gefällt.

Montaigne
1580 – 1658

der sicherstellen soll, dass Mütter nicht davon abgeschreckt werden, weitere Kinder zu gebären.

Einsichtiger ist, dass Stress in Form von Müdigkeit, Angst oder Krankheit einen bedeutenden Einfluss darauf haben kann, was wir uns einprägen und wie genau wir es wiedergeben können. Wenn wir unter irgendeiner Art von Druck stehen, lässt unsere Konzentrationsfähigkeit nach und wir können Details weniger klar wahrnehmen. Das ist ein großes Problem, wenn Augenzeugen aussagen sollen. Die Genauigkeit solcher Informationen war bereits Gegenstand vieler psychologischer Studien. Auch wenn wir oft das Gegenteil für richtig halten, fand die Psychologin Elizabeth Loftus heraus, dass Szenen von Gewalt und Zerstörung, egal ob real oder fiktiv (etwa in einem Film), weniger klar und wahrheitsgetreu erinnert werden als

Geistesblitze

Erinnern Sie sich, was Sie taten, als Sie am 31. August 1997 vom Tod Prinzessin Dianas hörten? Wenn etwas Schockierendes passiert, erinnern wir uns häufig an triviale Details, die sich zur selben Zeit ereigneten, daran, wo wir waren oder mit wem wir dort waren. Man nennt das Geistesblitze. Die Psychologen James Kulick und Roger Brown, die dieses Phänomen 1977 entdeckten, erklärten es damit, dass ein schockierendes Ereignis einen Prozess im Gehirn in Gang setzt, den sie „Sofortdruck" nannten. Anders als normale Erinnerungen wird dieser Moment im Geist wie ein Schnappschuß „eingefroren". Unbedeutende Details werden übermäßig klar erinnert. Geistesblitze sind nicht immun gegen das Verblassen, doch viele sind extrem detailliert und sie bleiben oft viel länger erhalten als normale Erinnerungen.

gewaltfreie Szenen. Es ist wichtig, dass Sie Ihrem Gedächtnis in Stresszeiten eine Chance geben – behandeln Sie es zuvorkommend, wie Sie es mit einer unter Schock stehenden Person tun würden. Versuchen Sie auch andere Perspektiven zu sehen, bevor Sie Ihre Vorgangsweise festlegen. Treffen Sie keine vorschnellen Entscheidungen. In solchen Zeiten werden Sie sich vielleicht mehr als sonst auf Notizen verlassen. Doch wenn der Stress vorüber ist, wird Ihr Vertrauen in die Kraft Ihres Gedächtnisses zurückkehren.

In kleinen Dosen kann Stress behilflich sein, Informationen abzurufen. Zum Beispiel können wir uns mit Hilfe von Adrenalin bei Prüfungen besser auf die Aufgaben konzentrieren. Doch wenn der Stress uns in Angst versetzt, verlieren wir die Konzentration, übersehen Details und können sogar wichtige Erinnerungen vergessen.

Ein weiterer Faktor für die Zuverlässigkeit unseres Gedächtnisses sind bewusste oder unbewusste Assoziationen beim Speichern von Erinnerungen. Viele Wissenschafter denken, dass eine Erinnerung Charakteristika einer älteren, verfestigteren Erinnerung benötigt um damit verbunden zu werden. So wird die Information oder die Erfahrung beim Abspeichern leicht verändert. Bei klinischen Tests wurden Menschen gebeten sich sinnlose Bilder einzuprägen, einschließlich eines gezackten Umrisses, der an einen fünfzackigen Stern erinnerte. Man nahm an, dass die Versuchspersonen diese zackige Gestalt in ihrem Gedächtnis speichern, indem sie sie geistig mit einem Stern in Verbindung bringen. Anschließend konnten sie sich zwar erinnern, dass der Stern nicht ganz richtig war, doch sie hatten keine klare Erinnerung an die gezackte Gestalt. Die zugehörige Theorie besagt, dass wir, wenn wir mit etwas konfrontiert sind, das nicht in unseren Erfahrungsschatz passt, es mit etwas Ähnlichem verbinden. Dadurch wird die Information oder Erfahrung beim Abrufen der Erinnerung verzerrt.

ZUVERLÄSSIGKEIT VON ERINNERUNGEN

Eine Gedächtnisversammlung abhalten

ÜBUNG DREI

Machen Sie diese Übung mit Freunden oder mit Ihrer Familie. Ziel ist, die vollständige Erinnerung an ein Ereignis zu Stande zu bringen, indem alle mitmachen. Seien Sie nicht zu formell: Lachen fördert die Erinnerung!

1. Versammeln Sie eine Gruppe von Menschen, die bei demselben Ereignis dabei waren. Vielleicht wählen Sie dafür ein Picknick mit Verwandten samt Kindern oder ein Abendessen mit engen Freunden. Sie können Auslöser für Erinnerungen in Ihr Treffen integrieren – zum Beispiel die gleiche Hintergrundmusik wie damals.

2. Informieren Sie Ihre Gäste erst beim Eintreffen, an welches Ereignis sie sich erinnern sollen. Versuchen Sie in den nächsten zehn bis 15 Minuten still, sich das Ereignis so detailliert wie möglich in Erinnerung zu rufen. Jeder kann individuell Notizen machen. Wer trug was? Worüber unterhielt man sich? Passierte etwas Unerwartetes?

3. Jeder schildert nun seine Erinnerungen. Sind Ihre Erinnerungen ähnlich oder differieren Sie stark? Löst etwas, an das eine andere Person sich erinnert, eine Erinnerung bei Ihnen aus? Setzen Sie fort, bis der Erinnerungsschatz ausgeschöpft ist.

GEDÄCHTNISLABYRINTH

Schlaf, Träume und Gedächtnis

In der schläfrigen Höhle des Geistes bauen die Träume ihr Nest aus Fragmenten, die von der Karawane des Tages abfallen.

Rabindranath Tagore
1928

Viele Experten behaupten, dass der Schlaf eine wichtige Rolle bei der Festigung von Erinnerungen spielt. Die Theorie besagt, dass das Gehirn während des Schlafes vom ständigen Fluss äußerer Reize befreit ist, mit denen wir im Wachzustand bombardiert werden. Während wir schlafen, kann unser Verstand die Ereignisse des Tages überprüfen, organisieren und ablegen.

Es gibt fünf Bewusstseinszustände: Wachsein, Schläfrigkeit, leichter Schlaf, tiefer Schlaf und Traumschlaf. Während der Traumphasen finden schnelle Augenbewegungen statt (Rapid Eye Movements, REM): die Augen bewegen sich unter den Lidern rasch hin und her, unsere Träume sind dann häufig besonders lebhaft. Während einer Nacht gleiten wir mehrmals durch die fünf Zustände, wobei die Traumphasen an Häufigkeit und Länge zunehmen. Während der REM-Phasen steigt der Puls und die Frequenz der Gehirnwellen ähnelt der im Wachzustand (siehe Seite 32 f.). Die Forschung zeigte in den 60er Jahren, dass Menschen, deren Traumschlaf unterbunden wurde, in wachem Zustand unter Gedächtnisstörungen litten. Daher wissen wir, dass der REM-Schlaf für die Stärkung des Gedächtnisvermögens äußerst wichtig ist.

Eine Theorie über die Verbindung von Schlaf und Gedächtnis nimmt an, dass der REM-Schlaf den Hippocampus stimuliert (siehe Seite 42), der während des Schlafes bestimmte Aktivitäten oder Erfahrungen des Tages im Cortex, wo die Erinnerungen geformt und gespeichert werden, wiederholt. Dieser Vorgang verstärkt die Gedächtnisspuren im Gehirn, wodurch sie im Wachzustand leichter abrufbar sind.

Die Theorie, dass REM-Schlaf das Gedächtnis unterstützt, wird durch die Tatsache bestärkt, dass unser Schlafbedürfnis steigt, wenn wir während des Tages viel Neues gelernt haben. Studien haben erwiesen, dass der REM-Schlaf dafür verantwortlich ist.

Auch wenn die Zusammenhänge zwischen REM-Schlaf und Gedächtnis nicht völlig geklärt sind, gibt es eine Fülle von Indizien dafür, dass Träume für ein gutes Gedächtnis wichtig sind. In den Traumphasen zeigt sich, dass wir uns an mehr aus unserem wachen Leben erinnern als wir glauben. Untersuchen Sie Ihre Träume nach Hinweisen auf Ihre Vergangenheit. Könnte das Kind von letzter Nacht Sie selbst in Ihrer Jugend symbolisiert haben? Kannten Sie die Schauplätze Ihrer Träume von früher, waren aber schon lange nicht mehr dort? Träume zu durchforsten kann sehr aufschlussreich sein.

Ein guter Nachtschlaf

Ich werde oft gefragt, wie ich mich auf einen Gedächtniswettkampf vorbereite. Ich trainiere meinen Verstand mit Gedächtnisübungen und stelle sicher, dass meine Durchblutung optimal ist, indem ich körperlich trainiere. Ebenso wichtig ist es mir, dass ich unmittelbar vor dem Wettkampf gut schlafe.

Am Tag vor dem Wettkampf laufe ich mindestens sieben Kilometer. Dadurch bin ich, wenn der Adrenalinschub vorüber ist, physisch müde. Dann nehme ich ein Ginkgopräparat ein. Das sorgt zwar nicht direkt für erholsameren Schlaf, verbessert jedoch erwiesenermaßen die Gedächtnisleistung. Dann meditiere ich, um meine Angst zu mildern, denn selbst Weltmeister sind nervös. Durch Meditation bringe ich mich auch in die richtige Geistesverfassung für eine erholsame Nacht.

GEDÄCHTNISLABYRINTH

Gedächtnis und Lernen

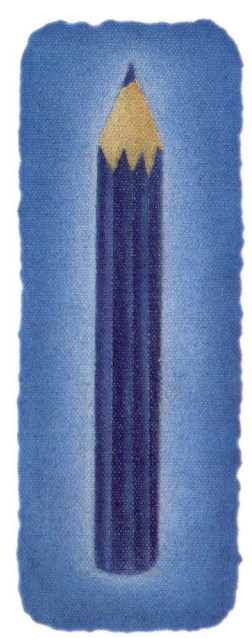

Ohne Gedächtnis gibt es kein Lernen. Eine Fülle psychologischer Forschungsarbeiten zeigt, dass das Gedächtnis für den Lernprozess bei Mensch und Tier eine entscheidende Rolle spielt. Sogar die Aneignung grundlegender Fähigkeiten, etwa wenn ein Baby krabbeln lernt, wäre ohne prozedurales (oder implizites) Gedächtnis unmöglich.

Der deutsche Philosoph Hermann Ebbinghaus demonstrierte im frühen 19. Jahrhundert, dass die Anzahl an Informationen, die wir wiedergeben können, davon abhängt, wieviel Zeit wir mit dem Erlernen derselben verbracht haben („Gesamtzeithypothese"). Er erkannte auch, dass es effektiver ist, wenn man die Lernzeit in kurze Perioden zwischen 15 und 45 Minuten zerlegt, und zwischendurch fünf bis zehn Minuten Pause macht. Das ist der „Verteilung-Praxis-Effekt", der hauptsächlich auf einem Phänomen namens *Reminiszenz* beruht. Unsere Erinnerung an etwas Aktuelles verstärkt sich noch einige Minuten lang, nachdem wir es gelernt haben. Reminiszenz ist möglicherweise das Resultat sich ständig festigender Gedächtnisspuren. Sie ist von der Art des Lernens abhängig: überraschend ist vielleicht, dass unsere Erinnerung an ein Foto eineinhalb Minuten nach dem Ansehen am stärksten ist, während unsere Erinnerung an eine manuelle Fertigkeit etwa zehn Minuten nach dem ersten Ausüben ihren Höhepunkt hat. Verteiltes Lernen erhöht die Anzahl der Reminiszenzperioden. Auch wenn wir Informationen blockweise lernen, interferieren die dabei entstehenden Erinnerungen. Regelmäßige Pausen können diesen Effekt verringern.

Eine andere unbewusste Lernstrategie ist *Chunking* („Klumpen bilden"). 1956 bemerkte der amerikanische Psychologe George Miller, dass das Kurzzeitgedächtnis nur zirka sieben Informationseinheiten gleichzeitig behält und die Aufnahmefähigkeit damit beschränkt ist. Wenn wir auf dem Boden verstreute Murmeln betrachten, können wir uns die Position von maximal sieben Stück merken. Miller nahm an, dass das KZG eine unendlich große Informationsmenge speichern kann, wenn diese in nicht mehr als sieben zusammenhängenden „Klumpen" organisiert ist. Das Gehirn scheint dies automatisch zu tun – zum Beispiel lernten wir als Kinder das Alphabet nicht als ununterbrochene Folge von 26 Buchstaben, sondern unterteilten sie mittels Rhythmus und Reim ungefähr so: abcd/efg/hijk/lmnop/qrs/tuvw/xyz – in sieben handliche Einheiten.

Gedächtnis und Intelligenz

Es ist ein verbreiteter Irrglaube, dass man Menschen in zwei Kategorien von Intelligenz teilen könnte, in Kluge und Dumme. Wie viele andere glänzte ich nicht in der Schule. Mehr noch, ich akzeptierte das Urteil meiner Lehrer, dass es mir an Potenzial fehle – ich kannte meine Rolle und versuchte nicht, sie zu ändern. Doch ich hätte mehr Vertrauen in meine Fähigkeiten haben sollen. Messbare Intelligenz ist vor allem ein Produkt der Praxis – wenn wir effektive Lernmethoden richtig anwenden, sind alle gleich gut im Stande, Daten zu speichern und abzurufen. Gedächtnistraining ermöglicht uns, unsere Lernfähigkeit zu stärken, und das kann auch unseren IQ heben. Fähigkeiten wie Konzentration, Fantasie und Assoziation – grundlegende Gedächtnisfunktionen – machen uns also auch klüger.

Theorien des Vergessens

Wie lange hält eine Erinnerung an? Welche Faktoren steuern das Vergessen? Die so genannte „Spurenzerfallstheorie" behauptet, dass die Neuralverbindungen, die bestimmte Erinnerungen formen (siehe Seite 42), verblassen und verschwinden, wenn sie nicht regelmäßig gebraucht werden. Zur Zeit ist das nicht beweisbar. Eine verbreitetere Ansicht besagt, dass etwas, das einmal dem Langzeitgedächtnis überantwortet wurde, niemals verloren geht. Es benötigt nur die richtige Assoziation, um ins Bewusstsein zu treten. Im Laufe eines Lebens können jedoch viele Erinnerungen die gleichen Stichworte teilen. In diesem Fall ist es schwierig, eine einzelne Erinnerung auszuwählen, außer in den Fällen, bei denen wir zusätzliche Assoziationen haben. Wir werden uns an den allerersten Schultag erinnern, doch die meisten Schultage sind zu wenig signifikant um sich von den anderen zu unterscheiden. Sie sind nicht verloren, doch in einer formlosen Ansammlung begraben. Trotzdem gibt es im Prinzip Stichworte, wie subtil auch immer, mit denen wir jeden einzelnen Tag abrufen können, wenn wir daran arbeiten.

Dieser Theorie zufolge sind Erinnerungen schwer zugänglich, weil sich Stichworte überlagern. Die Störung wirkt sowohl als *proaktive Inhibition* (eine alte Erinnerung hemmt eine neue, indem sie die Stichworte monopolisiert), als auch als *retroaktive Inhibition* (eine neue Erinnerung blockiert das Abrufen einer älteren, indem sie deren Stichworte „stiehlt"). Jemand, der zwei Listen mit Städtenamen an aufeinander folgenden Tagen lernt, wird sie weniger genau wiedergeben als jemand, der eine Liste mit Städtenamen und eine mit Hunderassen lernt.

Das Gedächtnis ist ein Netz; es ist voll mit Fischen, wenn man es aus dem Bach zieht; doch dutzende Meilen Wasser sind durchgeflossen ohne etwas zu hinterlassen.

Oliver Wendell Holmes
1858

Proaktive Inhibition zwingt uns, Schätzungen vorzunehmen. Wenn wir eine Hunderasse sehen, die wir nicht kennen, die aber einem Pudel ähnelt, werden wir sie unter „etwas, das wie ein Pudel aussieht, aber keiner ist" speichern. Wenn wir nach dem Aussehen des Hundes gefragt werden, wird unser Gedächtnis einen Pudel liefern und wir können uns wahrscheinlich nicht an die genauen Charakteristika der Rasse erinnern, die wir gesehen haben. Retroaktive Inhibition scheint der hartnäckigere Mechanismus zu sein, weil er uns ältere Erinnerungen „verlernen" lässt und stark durch Logik beeinflussbar ist. Wenn wir durch neue Aspekte andere Schlüsse aus bereits bekannten Fakten ziehen, werden wir die älteren Theorien schwer wiedergeben können, weil wir die Erinnerung an deren Logik verloren haben.

Déjà vu

Déjà vu („bereits gesehen") ist das Gefühl, dass man etwas schon einmal erlebt hat. Zum Beispiel können wir bei einer Unterhaltung den beunruhigenden Eindruck haben, dass wir dieselbe Situation bei anderer Gelegenheit schon einmal erlebt haben. Eine der Theorien über *Déjà vu* besagt, dass das Gehirn, wenn die Charakteristika des gegenwärtigen Erlebnisses denen eines früheren ähneln, dessen Details aber vergessen sind, die Lücken füllt und aus den Fragmenten eine echte, aber irreführende Erinnerung erschafft. Eine andere Erklärung ist, dass das Unterbewusstsein ein Ereignis direkt in das LZG überträgt und von dort reaktiviert. Natürlich könnten wir das vorhergehende Ereignis auch nur vergessen haben und deshalb das scheinbare Wiedererkennen so verblüffend finden.

Gedächtnisverlust

Unter gewissen Umständen kann eine Erinnerung so unerträglich sein, dass die betroffene Person es vorzieht, ihre gesamte persönliche Geschichte zu verleugnen oder auszulöschen, anstatt sich mit dieser einen Erinnerung zu konfrontieren. Jemand, der unter *psychogener Amnesie* leidet (auch als „hysterische" Amnesie bekannt), mag das Alphabet aufsagen oder komplexe Geräte bedienen können, ist jedoch nicht fähig den eigenen Namen, die Adresse oder irgendwelche persönlichen Details zu nennen. Psychogene Amnesie legt sich meist nach einigen Tagen, ohne strukturelle Schäden am Gehirn zu hinterlassen. Manche Forscher nehmen an, dass die Verbindungen zwischen den Erinnerungen gelöst wurden, andere meinen, dass dieser Zustand eher eine bewusste Weigerung, sich zu erinnern, darstellt als eine echte Unfähigkeit.

Die häufigste Ursache für Amnesie ist ein Schlag auf den Kopf. Wenn ein Footballspieler bewusstlos geschlagen wird, erleidet er zunächst eine *posttraumatische Amnesie* – eine Periode der Bewusstlosigkeit mit anschließender Verwirrung und der Unfähigkeit zu sagen, wo man sich befindet. Wenn diese Phase vorüber ist, kann es zu *retrograder Amnesie* kommen, das ist das Unvermögen, sich an Ereignisse vor dem Unfall zu erinnern, der mehrere Jahre zurückliegen kann. Ansonsten stellen sich zuerst die jüngeren Erinnerungen ein und die Gedächtnislücke beschränkt sich auf wenige Minuten vor dem Unfall. Doch diese Minuten bleiben fast ausnahmslos verloren, weil das Trauma deren Festigung gestört hat. Während der Erholungsphase kann auch *anterograde Amnesie* auftreten, die Schwierigkeit, neue Fakten aufzunehmen. Das dürfte hauptsächlich an einem Problem bei der Festigung im Langzeitgedächtnis liegen, da Studien beweisen, dass das Kurzzeitgedächtnis von anterograder Amnesie nicht betroffen ist.

Eine andere Art von Amnesie tritt auf, wenn Hippocampus oder Thalamus verletzt werden, etwa durch Enzephalitis, Schlag, langfristigen Alkoholmissbrauch oder den Mangel an Vitamin B_1. Solche Menschen können sich oft gut an die Vergangenheit erinnern und besitzen ein normales Kurzzeitgedächtnis, doch sie können nicht sagen, was es vor einer Stunde zum Frühstück gab. Das prozedurale Gedächtnis (siehe Seite 38) scheint nicht betroffen zu sein: Wenn sie täglich dasselbe Rätsel lösen, werden sie immer schneller, auch wenn sie nicht wissen, dass sie es bereits zuvor gelöst haben.

Die Kraft der Suggestion

Hypnose, ein Zustand tiefer Entspannung ähnlich dem Schlaf, wird meist durch äußere Suggestion hervorgerufen. Psychoanalytiker benutzen diese Technik um blockierte Erinnerungen zu aktivieren. Hypnotisierte sind fähig, auf Anweisungen und Fragen zu reagieren.

Die Reaktionen auf Hypnose variieren individuell, ebenso die Klarheit der hervorgeholten Erinnerungen.

Manche Menschen konnten sich an den Mutterleib und an ihre Geburt erinnern. Es ist nicht genau geklärt, wie die Hypnose funktioniert, doch glaubt man, dass wir in einem tiefem Entspannungszustand wie auch beim Träumen besser assoziieren können. Das ermöglicht es uns, mehr Stichworte zu finden, die uns zu vergessen geglaubten Erinnerungen führen.

Das Gedächtnis von Kindern

Wie alt sind Babys, wenn sie sich zu erinnern beginnen? Kann ein Fötus bereits im Mutterleib lernen? Zu Beginn unseres Lebens besitzen wir kein Bewusstsein als Individuen. Deshalb nahm man lange an, dass wir an diese Zeit keine Erinnerungen haben, weil wir nicht wahrnehmen, welche Dinge mit und um uns passieren. Doch bereits bei der Geburt zeigen Babys eine Vorliebe für die Stimme ihrer Mutter, weil sie diese schon im Uterus kennengelernt haben. Die Neuronen im Gehirn des menschlichen Fötus erleben ungefähr zehn Wochen vor der Geburt einen Wachstumsschub. Die Axone vermehren sich rasch, was die Kommunikationsmöglichkeiten zwischen Dendriten und Axonen anderer Neuronen erhöht. Dieser Prozess erlaubt die Bildung von Erinnerungen (siehe Seite 40 ff.).

Die meisten Forscher stimmen heutzutage mit der instinktiven Ansicht vieler Mütter überein, dass ihre Babys sie bereits wenige Tage nach der Geburt erkennen. Es scheint, als ob das Gedächtnis – wie rudimentär auch immer – dem Bewusstsein vorausgeht. Man könnte dies damit begründen, dass Erinnerungen die nötige Voraussetzung dafür sind, ein permanentes Bewusstsein für das eigene Selbst zu entwickeln.

Nach acht oder neun Monaten gibt es klare Anzeichen, dass Babys ein explizites und ein Kurzzeitgedächtnis entwickelt haben (siehe Seite 36 f.). Sie zeigen auf Objekte, die sie haben wollen, und können Dinge suchen, die zuvor versteckt wurden. Ein Jahr später beginnen sie bereits zu sprechen, sie entwickeln semantische Erinnerungen (siehe Seite 37 f.). Doch das semantische Gedächtnis eines Kindes ist weitaus fließender als das eines Erwachsenen. Es wächst durch eine Kombination loser Assoziationen mit Versuch und Irrtum. Zum Beispiel könnte ein Kind das Wort „quah" für eine Ente auf einem Teich verwenden, dann für eine Flüssigkeit, eine Münze mit einem Adler darauf und für jedes münzenähnliche runde Objekt. Ebenso könnte es das Wort „Ball" auch für Ballons, alles, was springen kann, runde Steine und Ähnliches benutzen.

Der Verstand eines Kindes scheint ständig zu experimentieren, neue Hypothesen über die Welt zu testen, zu adaptieren und zu verwerfen. Daher sind seine Erinnerungen nicht so stabil wie die eines Erwachsenen. Das erklärt, warum sich das kindliche Begreifen von Fakten schubweise zu entwickeln scheint und vermeintlich gesicherte sprachliche Fähigkeiten vorübergehend verschwinden können.

Ein perfektes Bild

Personen mit *eidetischem* (fotografischem) Gedächtnis können etwas nach einem kurzen Blick perfekt wiedergeben. Wir bewundern das bei Erwachsenen, doch viele Kinder zeigen natürliche Anlagen dazu. Schon im 19. Jahrhundert testeten G. W. Allport in England und E. R. Jaensch in Deutschland Kinder im Alter von zehn bis 13 Jahren, die detaillierte Fragen über Bilder beantworten konnten, die sie nur 35 Sekunden lang gesehen hatten, zum Beispiel über die Anzahl der Streifen eines Zebras. Seither gab es nur wenige Studien über das eidetische Gedächtnis, doch man schätzt, dass zwischen acht und 50 Prozent der Kinder unter elf Jahren eidetische Fähigkeiten besitzen. Psychologen denken, dass der Verlust mit der Überbewertung von sprachlichen Fähigkeiten in der Erziehung zusammenhängt.

Gedächtnis und Altern

Dass uns unser Gedächtnis im Stich lässt, wenn wir alt werden, ist ein Gerücht. Es ist nicht unvermeidlich, dass wir unter Gedächtnisverlust leiden, wenn wir in reifere Jahre kommen. Was sich jedoch ändert, ist die Geschwindigkeit, mit der unser Gehirn Daten verarbeitet und speichert. Das ist der Hauptgrund dafür, warum ältere Menschen bei zeitlich begrenzten Intelligenztests schlechter abschneiden als jüngere Kandidaten. Wenn man Älteren mehr Zeit gibt, erreichen sie im Durchschnitt ähnliche Ergebnisse wie die Jungen.

Eine Ursache dafür, dass das Tempo der Informationsverarbeitung mit dem Alter abnimmt, ist die schlechtere Durchblutung. Die lebenslange Beanspruchung von Herz und Arterien fordert ihren Tribut, so dass das sauerstoffreiche Blut länger braucht, bis es das Gehirn in jenen Mengen erreicht, die für Spitzenleistungen nötig sind – das Gehirn ist jenes Einzelorgan, das am meisten Sauerstoff verbraucht. Die Neuronen reagieren sehr sensibel auf die Reduktion der Sauerstoffversorgung, sie haben dann weniger Energie. Wenn das der Fall ist, werden die Dendriten beim Festigen von Erinnerungen nicht mehr so stark stimuliert.

Die Fähigkeit, Langzeiterinnerungen abzurufen, verändert sich unter normalen Umständen während des Lebens nicht, obwohl das Kurzzeitgedächtnis Beeinträchtigungen zeigen kann. Das liegt daran, dass die Menge an RNS im Gehirn mit dem Alter zunimmt. RNS kontrolliert die Produktion von Proteinen in den Gehirnzellen, was zu größeren Synapsen und besser verankerten Erinnerungen führt.

Viele Wissenschafter nehmen heute an, dass soziale Stereotype für Altersvergesslichkeit mitverantwortlich sind. Weil wir glauben, dass sich unser Gedächtnis mit dem Alter verschlechtert, messen wir unbewusst den Dingen und Situationen mehr Bedeutung zu, die wir tatsächlich im Alltag vergessen, während wir in der Jugend großzügig über solche Vergesslichkeiten hinweggesehen haben. Dadurch bekommen wir wiederum Angst, alt und mental weniger wendig zu werden. Natürlich mindert Angst unsere Gedächtnisleistung. Wenn wir uns also über das Alter und schlechtes Erinnerungsvermögen Sorgen machen, werden wir vielleicht in einer Art von selbsterfüllender Prophezeiung wirklich ein typischer „vergesslicher Opa"

Was Sie sich auch merken mögen, merken Sie sich vor allem eines: Vertrauen in die Unzerstörbarkeit Ihres Gedächtnisses ist häufig bereits der halbe Weg zu einem dauerhaft brillianten Gedächtnis. Und das stimmt, ob wir nun zehn oder 110 Jahre alt sind!

Verwenden oder verlieren

Unser Verstand bleibt eher rege, wenn wir ihn gesund erhalten. Ebenso, wie wir unseren Körper trainieren und auf ausgewogene Ernährung achten, müssen wir uns um unser Gehirn kümmern. Gedächtnisübungen sind dafür ein ausgezeichnetes Training. Wenn wir sie auf natürliche Weise in unseren Alltag integrieren, wird unser Gedächtnis seiner Aufgabe eher gerecht werden. Eine japanische Studie zeigt, dass eine Gruppe von über 80-Jährigen eine größere mentale Wendigkeit und auch bessere Gedächtnisleistungen zeigte als 60-Jährige. Der Unterschied bestand darin, dass die 80-Jährigen nicht zu arbeiten aufgehört hatten. Wir müssen nicht unbedingt zur Arbeit gehen, doch tägliche geistige Stimulation kann dazu beitragen, unser Gedächtnis fit zu halten, egal in welchem Alter.

DAS ECHO VERSTÄRKEN

Wie Sie Ihr Gedächtnis verbessern

Der erste Schritt zur Verbesserung des Gedächtnisses ist, Vertrauen in seine Ausbaufähigkeit zu setzen. Wir können zwar behaupten, ein Gedächtnis „wie ein Sieb" zu haben, trotzdem ist das etwas anderes als unter Haarausfall zu leiden oder farbenblind zu sein. Durch Merktechniken wird sich Ihr Vermögen, sich Tatsachen, Ereignisse, Orte und Menschen einzuprägen, stetig verbessern. Gedächtnis beruht auf drei grundlegenden Prozessen: etwas einprägsam zu machen, es im Gehirn zu speichern und es später exakt abzurufen.

In diesem Kapitel betrachten wir, wie diese Basisfunktionen durch Vorstellungskraft, Assoziation, Verortung, Konzentration und Beobachtung gestärkt werden können. Wir werden sehen, wie körperliche Gesundheit das Gedächtnis fördert und wie unsere Sinne uns helfen können, Daten zu behalten. Schließlich werden wir Prinzipien des Abrufens behandeln.

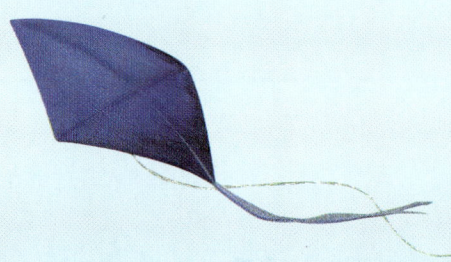

Der Trainingsplatz

Visualisieren Sie die 10 Milliarden Neuronen in Ihrem Gehirn. Denken Sie, während Sie diese Worte lesen, daran, wie elektrische Impulse durch Ihr Großhirn rasen und dabei die Millionen Verbindungen herstellen, die Sie für das Verstehen dieses Textes benötigen. Stellen Sie sich nun vor, wie wunderbar es wäre, wenn diese Verbindungen stärker wären. Das ist genau das, worum es beim Gedächtnistraining geht: latente Kräfte des Gehirns anzuzapfen, um so den Verstand schneller, klüger und leistungsfähiger zu machen.

Neben dem Erlernen von Aufnahme und Abruf von Informationen bringt Gedächtnistraining noch andere Vorteile mit sich. Die ständige Stimulation des Verstandes stärkt auch andere mentale Fähigkeiten, von der Konzentration auf die Lektüre über das Rationalisieren von Auseinandersetzungen bis hin zur gesteigerten Wertschätzung von Kunstwerken. Wenn wir uns etwas einprägen, bilden sich neue Verbindungen im Gehirn, so dass die Übertragung von

Chemikalien zwischen den Neuronen schneller und einfacher vor sich geht. So können wir effizienter auf Informationen zugreifen.

Das Gehirn ist zwar kein Muskel, doch um die Veränderungen zu demonstrieren, die das Gedächtnistraining bewirkt, sind Muskeln ein guter Vergleich. Je mehr wir unseren Verstand benutzen, umso „stärker" scheint er zu werden. Wir alle kennen das Gefühl, wenn wir all unsere geistigen Kräfte auf eine spezielle Situation konzentrieren – die Zeit vergeht rasch, wir freuen uns über die Lösung, die wir nur aus eigener Geisteskraft gefunden haben, wir fühlen uns voll ausgelastet und mental „fit". Doch während Muskelkraft limitiert ist, hat der Verstand keine Grenzen – wir sind rein physisch nicht imstande, all seine Kapazitäten voll auszunutzen. Aber wenn wir unser Gehirn nicht durch genügend Arbeit stimulieren, wird unsere Mentalkapazität schwächer wie ein ungebrauchter Muskel, und Aufgaben, die uns einmal einfach vorkamen, scheinen jenseits unserer Fähigkeiten. Überprüfen Sie das, indem Sie eine Woche lang täglich eine einfache Aufgabe lösen, etwa das Kreuzworträtsel in Ihrer Zeitung. Das Rätsel wird mit der Zeit einfacher zu lösen. Setzen Sie dann eine Woche aus. Wenn Sie dann wieder beginnen, scheint es schwieriger geworden zu sein.

Die Veränderungen liegen nicht nur im Bereich der geistigen Wendigkeit. Studien zeigten, dass das Gehirn tatsächlich dichter und größer wird, je mehr wir trainieren.

Schärfen Sie Ihren Verstand 15 Minuten täglich, indem Sie sich an einfache Ereignisse erinnern. Versuchen Sie, sich vor dem Zubettgehen an die Reihenfolge der Geschehnisse des Tages zu erinnern. Betrachten Sie genau Unterhaltungen, Umgebungen und auch das, was Sie in jeder der Situationen dachten oder fühlten. Mit zunehmender Übung im Erinnern und Fokussieren werden immer mehr Details einfach zugänglich werden.

Die Kunst des Erinnerns

Wenn Ihr Verstand ein Raum wäre, wie würde dieser aussehen? Bei den meisten von uns würde er wohl einer Dachstube ähneln, mit klar geordneten und zugänglichen Dingen in der Nähe des Eingangs, und mit vielerlei zufällig angehäuften Schätzen, Familienerbstücken und Nippsachen in den dunkleren Bereichen weiter hinten. Nach Dingen zu suchen, die ein oder zwei Jahre gelegen haben, kann etwas dauern – und es ist nicht sicher, ob wir sie überhaupt finden. Vielleicht ist es Zeit für eine Entrümpelung? Wenn wir lernen, den vorhandenen Speicherplatz besser zu nutzen, können wir Informationen effizienter speichern und schneller abrufen.

Das Vergessen ist dunkles Papier, worauf das Gedächtnis seine leuchtenden Zeichen setzt und sie lesbar macht.

Thomas Carlyle
1833

Natürlich ist das ein etwas weit hergeholter Vergleich, der die Komplexität des Verstandes – eines der Wunder der menschlichen Biologie – stark simplifiziert. Für praktische Zwecke ist diese Analogie jedoch angemessen. Wenn wir verstehen wollen, wie das Gedächtnis funktioniert, können wir uns vorstellen, wie wir ein Stück Information im entsprechenden Regal des Ablagesystems einordnen. Die Kunst des Speicherns, Behaltens und Abrufens von Erinnerungen ist eine Frage der Organisation. Es geht sozusagen um das Sortieren mentaler Unordnung, so dass wir ein Stück Information am logischen Platz dafür vorfinden.

Wir zeigten bereits, dass das Gehirn in zwei Hemisphären geteilt ist – die linke Gehirnhälfte, die Logik und Sprache verarbeitet, und die rechte Gehirnhälfte, die für unsere kreative Seite zuständig ist. Das Gedächtnis ist, soweit es logische Organisation erfordert, in großem Maße eine Angelegenheit der linken Gehirnhälfte. So könnte man Gedächtnis als angewandte Wissenschaft betrachten. Doch

DIE KUNST DES ERINNERNS

die Erinnerung ist auch eine Kunst, weil wir Informationen durch kreativen Gebrauch unserer Vorstellungskraft einprägsam machen können. Diese Kombination verbindet die Netzwerke des gesamten Gehirns miteinander, wodurch unser Verstand effektiver beim Bilden, Speichern und Zurückholen jeder Art von Erinnerung wird.

Die Haupttechniken, die in diesem Buch zum Trainieren und Verbessern des Gedächtnisses angeführt werden, weisen Ähnlichkeiten mit den Methoden der alten Griechen (siehe Seite 16 f.) auf. In den zehn Jahren, in denen ich das Gedächtnis studiert und meinen eigenen Verstand trainiert habe, habe ich aus den antiken Verfahren drei Hauptbestandteile herauskristallisiert: Vorstellungskraft, das heißt Informationen in Bilder zu verwandeln, die wir im Kopf behalten können; Assoziation, das Verbinden dieser Bilder mit dem bereits

Bekannten; und Verortung, wie diese Assoziationen nach Art der Griechen an „Orten" verankert werden können. Die Grundprinzipien all dieser Elemente werden auf Seite 68 bis 75 dargestellt. Hier und da biete ich weitere Methoden an, von einfachen Merkhilfen, die meist auf Worten basieren, bis zum visuellen Hakensystem, das ein Vorstadium der Verortungsmethode ist. Die ausgeklügeltste Entwicklungstufe ist die Reisemethode, die ich für die schwierigsten Aufgaben verwende – auch für Weltmeisterschaften.

Verortung ist vor allem dann hilfreich, wenn eine Datensequenz in einer bestimmten Reihenfolge gespeichert werden soll. In Kombination mit den anderen beiden Bestandteilen – Vorstellungskraft und Assoziation – haben wir die Macht, uns jede Menge von Fakten einzuprägen. Bevor ich jedoch mit der Beschreibung der diesen Methoden zu Grunde liegenden Prinzipien fortsetze, möchte ich Vorstellungskraft und Assoziation beispielhaft demonstrieren.

Für die Kunst des Erinnerns ist die wichtigste Fähigkeit, ein geistiges Symbol für jede Information zu kreieren, die wir behalten wollen. Nehmen wir an, Sie möchten sich die folgenden Fakten im Zusammenhang mit historischen Expeditionen zum Südpol einprägen: Roald Amundsen reiste mit Skiern zum Pol; Ernest Shackleton reiste mit Hunden; Robert Falcon Scott reiste, dummerweise, mit Ponys. Zunächst müssen Sie diese Ereignisse in mentalen Schnappschüssen visualisieren. Das nennt man den Prozess der Beteiligung – das heißt, den Worten eine Bedeutung zu geben, die Ihre Aufmerksamkeit auf sich zieht. Dann müssen Sie eine visuelle Assoziation finden, die die Transportmittel mit den Namen verbindet, die Ihnen vielleicht bereits bekannt sind. Roald könnte an „rollen" erinnern, also könnten Sie sich vorstellen, wie sich Amundsen auf Skiern überschlägt. Bei

Shackleton könnten Sie an „gescheckte" Schlittenhunde denken und zusätzlich vielleicht noch, wie sie „ernst" über das Eis marschieren. Falcon erinnert an einen Falken, der über der realen Welt schwebt – wie Scott, als er ein so unangemessenes Transportmittel für antarktische Bedingungen auswählte. Auf diese Weise können Sie sich nicht nur die Reisemittel merken, sondern auch die Vornamen der berühmten Forscher (in Scotts Fall den zweiten Vornamen, doch dann fällt Ihnen vielleicht auch der erste leichter ein).

Wenn wir diese Bilder in unserem Kopf gespeichert haben, müssen wir sicherstellen, dass wir sie so lange behalten, wie nötig: vielleicht einige Tage, vielleicht für immer. Eine der effektivsten Methoden ist es, das Gespeicherte zu wiederholen, mit jeder Wiederholung werden die Spuren im Gedächtnis tiefer (siehe Seite 80 f.).

Fortschritte festhalten

Die Merktechniken in diesem Buch eignen sich am besten als Teil eines bewussten Gedächtnistrainingsprogramms. Sie können das visuelle Hakensystem ausprobieren, um sich zufällige Daten einzuprägen, und Ihre Fortschritte dabei selbst überwachen und abtesten. Im frühen Stadium des Gedächtnistrainings kann das schwere Arbeit sein. Wenn Sie sich aber quantifizierbare Ziele setzen, können Sie die Verbesserungen Ihrer Merkfähigkeit verfolgen und, was wichtiger ist, Ihren Enthusiasmus bewahren. Viele Übungen in diesem Buch enthalten Selbsttests, machen Sie diese jedoch nicht nur einmal. Verändern Sie sie und üben Sie sie auch weiterhin. Verbesserungen werden sich in Ihren Erinnerungen früher einstellen als Sie glauben. Das steigert wiederum Ihre Motivation und wird Sie zu immer noch größeren Erfolgen anspornen.

Die Kunst der Vorstellung

Dem griechischen Philosophen Aristoteles (384 – 322 v. Chr.) zufolge sind Vorstellungskraft und Gedächtnis untrennbar verbunden, weil sie zum gleichen Teil der Seele gehören. Ob wir nun daran glauben oder nicht, so können wir doch akzeptieren, dass Fantasie und Gedächtnis Hand in Hand gehen. Auch die Vorstellungskraft benutzt beide Gehirnhälften. Wir setzen sie als eine Art Symbolumwandler ein, der lineare, systematische Information, die von der linken Gehirnhälfte verarbeitet wird, in lebendige, kreative Information für die rechte Gehirnhälfte umsetzt.

Es ist wichtig zu erkennen, dass die Vorstellungskraft ein Schlüsselfaktor für die Funktion des Gedächtnisses ist. Daher müssen wir uns auf diesen Aspekt konzentrieren, wenn wir die mentale Effizienz steigern wollen. Für fortgeschrittene Merktechniken werden wir unsere Fantasie in Bereiche ausdehnen müssen, die dem rationalen, logischen Teil des Gehirns merkwürdig erscheinen.

Denken Sie an Erfahrungen zurück, die „zum Vergessen" waren – vielleicht ein Buch, das Ihre Aufmerksamkeit nicht fesseln konnte, oder eine Radiosendung, bei der Sie eingeschlafen sind. Wenn wir sagen, etwas war „zum Vergessen", meinen wir in Wahrheit, dass das Erlebnis nicht aufregend war, weil es unsere Fantasie nicht beflügeln konnte. Das heißt, wenn etwas einprägsam sein soll, sollte es möglichst fantasievoll sein.

Effektive Nutzung unseres Gedächtnisses bedeutet, dass wir auch potenziell profane Informationen beleben müssen – eine Nummernsequenz, eine Einkaufsliste, eine Abfolge von Richtungsänderungen. Der erste Schritt zu dieser Transformation heißt men-

DIE KUNST DER VORSTELLUNG

tales Imaginieren: Wir erschaffen Bilder der realen Dinge in unserem Kopf (die Zahl 56, eine Packung Preiselbeersaft, eine Linkskurve bei der Rathausuhr). Dann nehmen wir dieses realistische mentale Bild und verwandeln es in etwas, das unter verschiedenen Aspekten erlebbar ist. Während wir eine klare visuelle Vorstellung im Kopf haben, stellen wir uns vor, wie das Ding die anderen Sinne stimuliert. Riecht es? Kann man es schmecken? Wie fühlt es sich an? Wie klingt es? Meist reicht die sinnliche Vorstellung allein aber nicht aus, damit etwas einprägsam wird. Wir müssen eine neue Dimension hinzufügen, und dafür brauchen wir unsere Fantasie. Damit betreten wir eine Welt der unbegrenzten Möglichkeiten, wo aufregende und einprägsame Bilder im Nu entstehen. Wenn wir uns also daran erinnern wollen, Orangen zu kaufen, stellen wir uns vor, wie diese wie kleine Sonnen am Himmel leuchten. Oder wenn Thunfisch auf der Einkaufsliste steht, sehen wir vielleicht eine Dose mit Flossen in einem ganzen Schwarm vor uns.

Bilder, in denen unbelebte Dinge Bewegung und Leben besitzen oder Menschen und Tiere Gestalt und Verhalten ändern, werden leicht im Verstand fixiert. Je surrealer das Bild, desto einfacher ist es zu finden. Ziel dieser Bilderschaffung ist es, Dinge, die Sie sich einprägen wollen, auszuschmücken, um ihnen größere innere Präsenz zu verleihen. Wir mögen uns nicht sofort an das Ding erinnern, doch werden wir das Szenario vor uns sehen, das wir dafür erschaffen haben, oder sogar den Akt der Erschaffung selbst.

Wir alle wissen, dass Fantasie jene Fähigkeit ist, die einen kreativen Künstler auszeichnet. Vielleicht fühlen wir uns deshalb etwas unsicher, wenn wir selbst fantasievoll sein sollen. Tatsächlich setzen wir unsere Vorstellungskraft jedoch jedesmal ein, wenn wir uns die lustige Geschichte ausmalen, die ein Freund erzählt, oder wenn wir uns auf einen Ausflug, einen Abend oder auf den Urlaub freuen: Wir stellen uns vor, wie es sein wird. In unserem inneren Theater ist nichts unmöglich. Wie soll ich solche seltsamen Transformationen beherrschen, fragen Sie sich? Man braucht nur Zuversicht und Vertrauen in die eigene Fantasie als Weg zu einem besseren Gedächtnis. Experimentieren Sie – Sie werden überrascht sein, wie rasch Ihnen diese Art zu denken zur zweiten Natur wird.

Wie das Gedächtnis wird auch die Fantasie mit ständigem Gebrauch wendiger. Es wird immer einfacher, Aspekte des Alltags ins Lebendige und Surreale zu transformieren. Wenn wir diese Entwicklung an uns selbst beobachten, sollten wir Mut fassen, denn fantasievolle Erfindungen sind der Schlüssel zu vielen der im nächsten Kapitel beschriebenen Techniken.

Ein Gedächtnismeisterwerk malen

ÜBUNG VIER

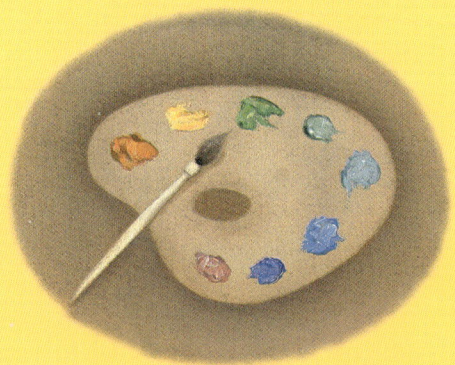

Die Fantasie befähigt uns einprägsame surreale Bilder zu erschaffen. Hier üben wir diesen Aspekt des Einprägens, indem wir ein anschauliches mentales Bild eines Gegenstandes auf einer Einkaufsliste „malen". Dabei wird „Morphing" eingesetzt, das heißt Verändern des Objekts in der Vorstellung um einen stärkeren und leichter abrufbaren Eindruck zu fixieren.

1. Stellen Sie sich möglichst detailliert einen Apfel vor. Ist er rot oder grün? Groß oder klein? Perfekt oder gequetscht? Reif oder unreif? Stellen Sie sich den Apfel mit allen Details realistisch vor, während Sie obige Entscheidungen treffen.

2. Betrachten Sie das fertige, mentale Bild. Können Sie den Apfel so verändern, dass er einprägsamer wird? Er könnte riesengroß sein. Wenn er so groß wie ein Basketball wäre, würden Sie ihn nach Hause dribbeln oder rollen? Wenn er menschliche Züge hätte, wem würde er ähneln? Dem strahlendsten Ihrer Freunde oder jemandem mit rosa Wangen?

3. Nehmen Sie ein weiteres Objekt, etwa ein Ei, und übertreiben oder schmücken Sie es auf ähnliche Weise. Machen Sie das mit fünf verschiedenen Dingen. Versuchen Sie, beim nächsten Einkauf mittels solcher Bilder eine „virtuelle Einkaufsliste" anzulegen. Verlängern Sie dann die Liste auf zehn Dinge. Experimentieren Sie mit Variationen dieser Übung.

Die Kunst der Assoziation

Eine Assoziation ist die mentale Verbindung zwischen zwei verschiedenen Objekten. Wir assoziieren ständig. Nehmen Sie zum Beispiel an, Sie würden auf dem Weg ins Büro einen Postbus vorbeifahren sehen. Der Bus löst die Erinnerung daran aus, dass Sie heute Morgen beschlossen haben, etwas per Post zu verschicken, was Sie wiederum daran erinnert, dass das Poststück eine Geburtstagskarte für Ihre Mutter ist. Die Verbindungen von einem Gedanken zum nächsten werden in Sekundenbruchteilen hergestellt, und Sie nehmen davon normalerweise keine Notiz. Dennoch sind sie ein wichtiger Teil des Erinnerungsprozesses. Während meines Trainings stellte ich fest, dass sich frühere Assoziationen neuerlich formten, wodurch ich nicht nur absichtlich Eingeprägtes erinnern konnte, sondern auch zuvor vergessene Erlebnisse.

Viele Assoziationen stellen sich spontan und natürlich ein, aufgrund von Bedeutungen oder kulturellen Konventionen. Zum Beispiel wird ein Golfschläger mit einer Angelrute assoziiert, weil beides Freizeitgeräte sind. Brillen werden wegen der Verbindung zum Lesen mit Intelligenz assoziiert. Erfolgreiche Gedächtnisarbeit erfordert sowohl das Nutzen solcher natürlicher Assoziationen, als auch das Erfinden von neuen, unnatürlichen Assoziationen, um unspektakuläre Daten mit einprägsamen Bildern zu verbinden.

Stellen Sie sich vor, auf einer Party wird Ihnen jemand mit dem Namen Horace Washington vorgestellt. Dieser Name ist leichter zu merken, wenn Sie an natürliche Assoziationen denken – Horaz, der Dichter, und Washington, die Hauptstadt der USA. Nun haben Sie konkrete Assoziationen, die interessanter und bedeutungsvoller sind als nur der Klang und die Aussprache des Namens. Wenn diese Person auf Sie wie ein Träumer wirkt, können Sie sich noch einen Dichter, der Träume webt, vorstellen – dies wird den Namen wahrscheinlich noch tiefer in Ihrem Gedächtnis verankern. Wenn die Person eher unordentlich in Denken, Verhalten oder Aussehen wirkt, könnten Sie dies mit dem symmetrischen Stadtplan von Washington D. C. kontrastieren. Nun verfügen Sie über Assoziationen, die den Namen mit der Person verbinden. Dieser Effekt macht es unwahrscheinlich, dass Sie die Namen vergessen.

Man könnte einwenden, dass dieses Beispiel künstlich konstruiert wirkt: Es ist davon abhängig, ob die Person tatsächlich ein Träumer ist, was ein Zufall wäre. Dennoch kann man immer eine Assoziation herstellen, wie indirekt auch immer. Wenn die Person zum Beispiel als unpünktlich bekannt ist, könnte der Klang des Namens Horace ironisch an „Oris" erinnern, einen Schweizer Uhrenhersteller. Oder die Person spricht langsam, dann könnten Sie „Horace" in zwei Worte zerlegen: „Ho!" als Aufforderung und „rasch!", um Beschleunigung auszudrücken.

All diese Assoziationstechniken, die auf dem Sinn und dem Klang von Worten beruhen, können beim Speichern und daher auch beim Abrufen von Erinnerungen eine Rolle spielen.

Die Kunst der Verortung

Wir haben gesehen, dass Griechen und Römer die Kunst der Verortung hoch schätzten und diese als fundamentales Prinzip Ihrer Merktechniken über alles andere stellten. Ich bin überzeugt, dass diese althergebrachte Methode auch der Schlüssel zu meinem Erfolg bei sechs Gedächtnisweltmeisterschaften war. Indem ich jede Informationseinheit an einen bestimmten Platz legte, den ich vorher in meinem Geist eingerichtet hatte, konnte ich die Daten leichter abrufen. Und Übung machte mich zum Profi.

Genauso wie wir ständig und ohne es zu bemerken Assoziationen herstellen, nehmen wir auch Verortungen vor. Denken Sie an das, was Sie heute erlebt haben. Was haben Sie getan? Wenn Sie einem Freund Ihren Tag detailliert beschreiben würden, ist es sehr wahrscheinlich, dass Orte darin an vorderster Stelle vorkommen. „Ich stand auf, ging in die Küche, um Kaffee zu machen. Dann ging ich ins Badezimmer und nahm eine Dusche, um dann schließlich in der Küche zu frühstücken..." Studien zeigen, dass Menschen, die den ganzen Tag gereist sind, sich besonders genau an die Abfolge der Ereignisse des Tages erinnern. Sogar Details aus Unterhaltungen sind klarer, wenn man sich an den Ort erinnert, an dem diese stattfanden. Die verschiedenen Orte, durch die wir reisen, fungieren als linearer mentaler Rahmen, der die einzelnen Erfahrungen deutlich voneinander abgrenzt.

Die Bedeutung der Verortung in der Kunst des Gedächtnisses zeigt sich auch anhand des verbreiteten Problems von verlegten Schlüsseln. Wir wissen alle, wie frustrierend es ist, wenn wir es am Morgen eilig haben und uns nicht daran erinnern können, wo wir die Schlüssel abgelegt haben. Die meisten Menschen versuchen dann logischerweise, ihre Schritte im Geist nachzuvollziehen. Als wir das Haus zuletzt betraten, hatten wir die Schlüssel in der Hand. Wir gingen direkt ins Arbeitszimmer, um unseren Anrufbeantworter abzuhören. Doch dort liegen die Schlüssel nicht, also verfolgen wir unsere Schritte – tatsächlich oder im Kopf – zur Garderobe, wo wir den Mantel aufgehängt haben. So setzen wir fort, bis wir schließlich an den Platz kommen, wo die Schlüssel liegen, und finden sie auf diese Weise wieder. Bei all dem benutzen wir die Technik der Verortung.

Gedächtnistechniken, die auf Verortung basieren, funktionieren, weil der Ort fixiert ist, so dass wir stets geistig zurückgehen können, um die diversen Informationen, die wir dort abgelegt haben, aufzugreifen. Das System des Verankerns ist ein wichtiger Punkt bei der Verortung. Wenn wir die Verortungsmethode einsetzen, legen wir Bilder, Daten oder anderes, das wir uns einprägen möchten, etwa die Stichworte einer Rede, an einem fixierten Ort in unserem Kopf ab. Dazu können wir uns ein Haus vorstellen oder eine vertraute Reise. Wenn wir uns erinnern wollen, verfolgen wir unsere Schritte zurück und finden die Daten dort vor, wo wir sie verankert haben. Wir werden uns noch mit der Auswahl der effektivsten mentalen Orte und der zuverlässigsten Art der Verankerung beschäftigen.

Die Reisemethode (Seite 102 ff.) steigert das Verortungsprinzip auf ein extremes, höchst beeindruckendes Niveau. Sie ermöglicht es, sich überraschend große Datenmengen einzuprägen. Zum Beispiel benutze ich sie, um mir gleichzeitig die Reihenfolge von mehreren zufällig gemischten Kartensätzen zu merken. Verortung mag eine alte Methode sein, doch sie ist sicherlich eine der effektivsten.

DAS ECHO VERSTÄRKEN

Die Kunst der Konzentration

Einer der größten Feinde der Erinnerung tritt schon während der ersten Sekunden auf, wenn wir versuchen uns etwas einzuprägen. Das Problem ist nicht ein schlechtes Gedächtnis, denn wir alle haben ein gutes. Die meisten haben nur vergessen, wie man sein volles Potenzial nutzt. Ausschlaggebend ist die Konzentration. Sich konzentrieren heißt, zu erblicken, was wir sehen, dem Aufmerksamkeit zu schenken, was wir hören, zu spüren, was wir fühlen, zu bemerken, was wir schmecken und riechen, und uns unseres Denkens bewusst zu sein. Das Geheimnis der Konzentration beim Einprägen ist es, die Information oder das Erlebnis vollständig zu fokussieren, während unser Gehirn passende Assoziationen herstellt – zum Beispiel zu den Orten, die wir für die Verortungsmethode ausgewählt haben. Bei diesem Prozess gehen die Daten vom Kurzzeit- in das Langzeitgedächtnis über, wo sie so gespeichert werden und wir sie abrufen können, wie und wann wir wollen.

Entscheidend ist hier die Fähigkeit zu fokussieren. Wir glauben vielleicht, dass wir uns auf mehrere Dinge gleichzeitig konzentrieren können, etwa darauf, ein Buch zu lesen und die Fernsehnachrichten anzusehen. Solch ein geteilter Fokus ist jedoch unmöglich. Wenn wir versuchen zwei Dinge gleichzeitig zu tun, springt unsere Aufmerksamkeit hin und her, und wir konzentrieren uns auf keines von beiden ganz. Wenn Sie sich etwas einprägen wollen, müssen Sie die Informationen und die Merktechnik fokussieren, keinerlei äußere Reize dürfen Ihre Konzentration stören. Unser Verstand ist zur 100-prozentigen Konzentration fähig. Ich selbst meditiere, um meinen Geist zu trainieren, vollständig aufmerksam zu sein.

Ebenso wie es unserer Gesundheit schadet gegen den Willen zu essen, schadet es dem Gedächtnis widerwillig zu lernen und es wird nichts behalten.

Leonardo da Vinci
ca. 1500

Meditative Aufwärmübung für das Gedächtnis

ÜBUNG FÜNF

Wenn Sie die Merktechniken aus dem nächsten Kapitel anwenden wollen, müssen Sie Ihre Gehirnwellen auf das Stadium vollständiger Konzentration verlangsamen können. Trainieren Sie das mit dieser Meditationsübung.

1. Sie benötigen einen ruhigen Raum, in dem Sie nicht gestört werden. Legen Sie sich auf den Rücken, mit einem Kissen unter Ihrem Nacken. Die Hände liegen locker mit den Handflächen nach oben neben Ihrem Körper. Lassen Sie Ihre Füße nach außen kippen.

2. Schließen Sie die Augen. Atmen Sie langsam und tief durch die Nase ein. Beim Einatmen sollte sich Ihr Zwerchfell dehnen und sich zuerst Ihr Bauch, dann Ihre Brust heben. Atmen Sie langsam durch den Mund aus. Atmen Sie so während der ganzen Meditation.

3. Fokussieren Sie den imaginären Punkt gleich hinter Ihren Augen. Stellen Sie sich dort ein kleines, helles Licht vor. Kanalisieren Sie all Ihre Aufmerksamkeit darauf.

4. Stellen Sie sich vor, das Licht wächst und schrumpft mit Ihren Atemzügen. Sehen Sie vor Ihrem geistigen Auge, wie es beim Einatmen stärker leuchtet und beim Ausatmen schwächer wird. Bleiben Sie fokussiert, solange es Ihnen angenehm ist. Versuchen Sie, mindestens einmal täglich zu meditieren, um Ihre Konzentrationskraft zu stärken.

Die Kunst der Beobachtung

Die Griechen hielten das Sehen für den wichtigsten Sinn im Zusammenhang mit dem Gedächtnis. Sie glaubten, dass man sich an Situationen genauer erinnern kann, je schärfer man sie beobachtet. Darin liegt Wahrheit, obwohl das Gesamtbild etwas komplexer ist: Wir erinnern uns besser, wenn wir all unsere Sinne voll einsetzen.

Doch in einem hatten die Griechen recht: Wenn wir ein Objekt mit ganzer Aufmerksamkeit und bewusst studieren, seine Farbe, die Gestalt, Größe und besonderen Merkmale, prägen sich seine Spuren tiefer in unser Gehirn, als wenn wir uns nur einen groben Gesamteindruck verschaffen. Meistens werfen wir nur einen flüchtigen Blick oder starren halbbeteiligt. Denken Sie zum Beispiel an einen Vogel, den Sie häufig sehen, und versuchen Sie sein Federkleid zu skizzieren. Überprüfen Sie Ihre Zeichnung anhand des realen Vogels. Sie werden sich über Ihre Ungenauigkeit wundern.

Das Schärfen der Beobachtungsgabe bringt uns auch alltäglichere Vorteile, etwa beim Erinnern von Wegstrecken und Fahrten. Wenn Sie jemandem den Weg beschreiben müssen, ist es sicher hilfreich, sich verschiedene Orientierungspunkte vorzustellen. Doch auf subtilerer Ebene ist die Fähigkeit, sich präzise an Details zu erinnern, Teil einer Disziplin von Fokussieren und ungeteilter Aufmerksamkeit, die sich positiv auf das Gedächtnistraining auswirkt. Wenn man sich auf die Details von Dingen konzentriert, werden diese interessanter und damit auch einprägsamer. Das fördert wiederum unsere Assoziationen, die ja, wie wir wissen, ein wichtiges Werkzeug für die permanente Niederschrift in unserem Gedächtnis darstellen.

Wenn du aufmerksam bist, wird dein Urteilsvermögen die Dinge, die dir durch den Kopf gehen, klarer erkennen.

Dialexeis
400 v. Chr.

Auf Details achten

ÜBUNG SECHS

Das Schärfen der Beobachtung bringt Vorteile für das Gedächtnistraining. Diese Übung kann „Wahrnehmungsfilter" reduzieren, sie hilft Ihnen, die Genauigkeit Ihrer Beobachtungen zu steigern.

1. Nehmen Sie Papier und Bleistift und wählen Sie eine Vase mit Blumen oder etwas Ähnliches. Ihre Zeichenkünste sind hier unwichtig – wichtig ist, eine Szene zu beobachten und zu lernen, sie so detailliert wie möglich im Geist zu rekonstruieren.

2. Versuchen Sie, sich fünf Minuten lang möglichst viele Merkmale der Vase und der Blumen einzuprägen. Hat die Vase ein Muster? Wieviele Blütenblätter haben die Blumen? Sind sie geöffnet? Wie sehen die Adern der Blätter aus? Tappen Sie dabei nicht in die Falle, vor lauter Details das Offensichtliche (Farbe, Gestalt, Anzahl etc.) zu übersehen!

3. Wenden Sie sich ab und zeichnen Sie die Vase. Beschriften Sie Ihr Bild, um Farben anzuzeigen, oder Details, die Sie nicht nachzeichnen können. Vergleichen Sie dann Ihre kommentierte Skizze mit der realen Vase. Wie genau waren Ihre Beobachtungen bezüglich Farben, Formen und Proportionen? Was haben Sie übersehen? Wiederholen Sie die Übung regelmäßig mit verschiedenen Objekten, um Ihre Beobachtungsgabe zu schärfen.

Überprüfen und Wiederholen

Auswendiglernen – die fortgesetzte Wiederholung von Fakten, bis sie fest im Gedächtnis verankert sind – ist in der Erziehung stark diskreditiert worden, vor allem, weil es streng mechanisch funktioniert. Heute glauben wir, dass die einprägsamsten Fakten jene sind, die unser Interesse wecken, die uns irgendwie berühren. Dennoch spielt die Wiederholung beim Gedächtnistraining eine sehr wichtige Rolle. Es geht nicht um das Herunterleiern von Informationen wie in den Schulklassen der Vergangenheit, wo wir uns zuerst an den Singsang erinnern und dann erst an dessen Inhalt. Es geht darum, einen Teil des Erinnerungsprozesses, das Abrufen, in regelmäßigen Intervallen zu üben, um verschiedene Assoziationswege im Gehirn zu fixieren.

Es ist schwierig, genaue Angaben darüber zu machen, wie oft und wie bald nach dem Einprägen wiederholt werden sollte. Vieles hängt von der Art der Information ab und von der Methode, mit der man sie sich eingeprägt hat. Wenn Sie sich eine Telefonnummer merken wollen, die Sie in cirka zehn Minuten wählen werden, werden Sie die Nummer in dieser Zeit oft wiederholen. Die Wiederholung ist in diesem Fall hilfreich, ja sogar notwendig, auch wenn Sie keine Merktechnik verwenden – das heißt, wenn Sie einfach auswendig gelernt haben. Wenn Sie jemand beim Wiederholen unterbricht, ist die Gefahr groß, dass Sie gleich die ganze Nummer vergessen. Besser wäre es, eine Variation des DOMINIC-Systems (siehe Seite 108 f.) oder das Ziffern-Gestalt-System (siehe Seite 110 f.) zu benutzen und nicht die Nummer selbst zu wiederholen, sondern eine codierte Version davon – und die Methode, mit der man den Code wieder in die Nummer zurückübersetzt.

Wenn Sie sich jedoch einen Artikel aus einer Zeitschrift merken müssen, folgen Sie vielleicht besser der „Fünferregel", bei der Sie die wichtigsten Punkte nach einer Stunde, am nächsten Tag, eine Woche später, zwei Wochen später und nach einem Monat wiederholen. Diese Regel gilt unabhägig von der Merktechnik, die Sie beim Einprägen verwendet haben. Bevor Sie die „Regel der Fünf" anwenden, sind dennoch ein paar zusätzliche Wiederholungen von Vorteil.

Jedes Mal, wenn wir eine Information aufrufen, wird der Weg zu ihr kräftiger, wie ein Pfad, der durch häufiges Benutzen sichtbarer und leichter zu begehen ist. Wiederholung garantiert nicht, dass man etwas abrufen kann, doch der Aufwand lohnt sich, weil sich die Wahrscheinlichkeit präziser Erinnerungen erhöht.

Gedächtnis und Gesundheit

Jahrhundertelang suchten die Menschen nach physischen Mitteln, das Gedächtnis zu verbessern. Im 17. Jahrhundert glaubten manche Nordamerikaner, dass das Tragen einer Biberfellmütze hilfreich ist.

Zu anderen Zeiten rieb man sich den Kopf und den Nacken mit ein paar Tropfen Rizinusöl ein.

Während diese Gesundheitstipps der Mode unterworfen sind, wissen wir heute, dass unser Gedächtnis in optimaler Verfassung bleibt, wenn wir uns körperlich fit halten. Ein trainierter Körper ist die Voraussetzung für einen trainierten Verstand.

Experten zufolge ist Fitness durch regelmäßige Bewegung und gesunde Ernährung einfach zu erreichen. Ob Sie nun jeden zweiten Tag 20 Bahnen im Pool schwimmen oder täglich rasch um den Block marschieren – wenn Sie Ihre Gliedmaßen bewegen, schlägt Ihr Herz rascher, und das steigert die Durchblutung Ihres Gehirns. Das Blut versorgt die Neuronen mit Sauerstoff und Nährstoffen und hält sie so gesund. Ich selbst laufe wenn möglich jeden Morgen und spiele regelmäßig Golf. Wenn ich für einen Wettkampf trainiere, steigere ich die Länge meiner Läufe. Sie müssen sich nicht körperlich verausgaben, damit Ihr Gehirn profitiert.

Es gibt Hinweise, dass die Blätter des Ginkgobaumes, der in der Antike auch als „Gedächtnisbaum" bekannt war, das Gedächtnis verbessern können, da sie die Durchblutung des Gehirns fördern. Vom deutschen Dichter Johann Wolfgang von Goethe (1749 – 1852), der seine mentale Agilität bis ins hohe Alter bewahrte, sagt man, er hätte täglich ein Ginkgoblatt zum Frühstück verzehrt.

Studien zeigen, dass unser Gedächtnis bei einer Diät mit wenig Kalorien schlechter arbeitet als bei ausgewogener Ernährung. Kalorien liefern uns die Energie, die der Körper für die Versorgung des Gehirns und der anderen Organe benötigt. Wenn unser Gehirn unter Energiemangel leidet, ist das Gedächtnis eine der ersten Funktionen, die dadurch geschwächt werden.

Lebensmittel, die die antioxidantischen Vitamine A, C und besonders E enthalten, wirken sich positiv auf die Gesundheit unseres Gehirns und des Gedächtnisses aus.

Diese Vitamine sind vor allem in intensiv gefärbtem Gemüse und Obst enthalten, etwa in Bananen, roten Paprikas, Spinat und Orangen. Sie fördern die Beseitigung von Chemikalien, die als „freie Radikale" bekannt sind. Diese sind zwar von Natur aus im Körper vorhanden, können jedoch schwere Zellschäden im Gehirn und in anderen Teilen des Körpers verursachen, wenn wir durch Stress oder Umweltverschmutzung zu viele davon produzieren.

Es empfiehlt sich, viel ölhaltigen Fisch zu essen. Dieser ist so wichtig für das Denken, dass man ihn auch „Gehirnfutter" nennt. Fisch enthält Folsäure und mehrere essentielle Fettsäuren, die für Entwicklung und Funktion von Gehirn und Nervensystem wichtig sind. Versuchen Sie zumindest zweimal pro Woche Fisch zu essen. Andere Eiweißlieferanten wie helles Fleisch, Milchprodukte und Tofu wirken sich ebenfalls positiv aus.

Dein Streben sei ein gesunder Geist in einem gesunden Körper.

Juvenal
ca. 60 – 130
n. Chr.

DAS ECHO VERSTÄRKEN

Gedächtnis und Sinne

Ich hatte den Duft von Madeleinekrumen erkannt, vollgesogen mit der Mischung aus Limettenblüten, die meine Tante mir stets gegeben hatte... sofort erschien vor mir das alte, graue Haus an der Straße, wo ihr Zimmer lag, wie eine Szenerie im Theater.

Marcel Proust
1871 - 1922

Wenn wir all unsere fünf Sinne in eine Merktechnik integrieren, wird das Einprägen und Wiedergeben einfacher. Nehmen wir an, eine Technik würde erfordern, sich einen Baum vorzustellen. Wenn wir diesen Baum im Geiste erschaffen, wird die Erinnerung daran umso einprägsamer, je realistischer das Bild ist. Das simpelste Bild eines Baumes ist zweidimensional. Doch wenn wird uns eine Eiche in voller Blüte vorstellen, durch deren Blätter der Wind streicht und die von den Gerüchen des Sommers umgeben ist, wird der Eindruck tiefer sein. Er liefert uns auch mehr potenzielle Assoziationen zu jeder Information, die wir mit dem Baum speichern wollen.

Im Allgemeinen sind Sehen, Hören und Riechen die mächtigsten Sinne, was das Gedächtnis betrifft. Mittels des Sehens interpretieren wir die Welt und orientieren uns in ihr. Das Gehör ermöglicht es uns, mit anderen Leuten zu kommunizieren. Sehen und Hören spielen beim Memorieren von Worten und Zahlen, die sonst schwer fassbar wären, eine große Rolle. Auch Schmecken und Riechen sind sehr mächtige Gedächtnisanker, vielleicht weil sie einst so wichtig für unser Überleben waren. Der Geruchssinn umgeht den Thalamus und ist direkt mit den Neuronen des Cortex verbunden. Er stellt so einen direkten Weg zum Gedächtnisspeicher her. Deshalb kann uns ein Duft augenblicklich in ein emotionales Erlebnis der Vergangenheit zurückversetzen oder uns stark an eine bestimmte Person erinnern. Versuchen Sie, die Gerüche zu erkennen, die für Sie besondere Bedeutung haben. Betrachten Sie es als Teil des Trainings, Ihren Verstand für Ihre Erfahrungen zu öffnen – die positiven Effekte für Ihr Gedächtnis werden sich von selbst einstellen.

GEDÄCHTNIS UND SINNE

Das Gedächtniskaleidoskop

ÜBUNG SIEBEN

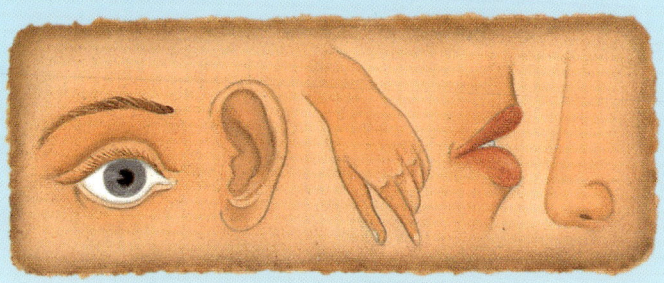

Allzu oft bedienen wir uns nur unseres Sehsinns, wenn wir uns etwas vorstellen. Diese Visualisierungsübung hilft, die Bedeutung der anderen Sinne zu erkennen. Gleichzeitig erweitert sie unsere Fantasie auf eine Art und Weise, die sich positiv auf den Einsatz von Merktechniken auswirkt.

1. Schließen Sie die Augen und stellen Sie sich ein komplexes, doch identifizierbares Objekt vor, etwa ein Rennpferd mit Jockey. Visualisieren Sie Pferd und Reiter peinlich genau – die bunte Jacke des Reiters, das Zaumzeug, den Sattel, den feinen, stolzen Ausdruck des Pferdekopfes, das Gesicht des Jockeys im Schatten seiner Kappe.

2. Denken Sie nun an die anderen sinnlichen Aspekte dieses Bildes. Beim Tastsinn könnten Sie sich den Satinstoff der Jacke vorstellen, das gepflegte Fell des Pferdes, seine rauhe Mähne; für das Gehör die galoppierenden Hufe und die johlende Menge; für den Geruch das Leder und den Schweiß; für den Geschmack vielleicht einen Zuckerwürfel, den das Pferd vor dem Rennen bekommen hat. Fühlen Sie auch die nasse Zunge des Pferdes auf Ihrer Hand.

3. Das ist nur ein zufälliges Beispiel. Denken Sie sich weitere leicht erkennbare Bilder aus und verfahren Sie in der gleichen Weise. Es macht nichts, wenn der eine oder andere Sinn auf den ersten Blick keine Rolle in Ihrem Bild spielt – Sie werden stets Möglichkeiten finden, auch wenn Sie zu surrealen Vorstellungen greifen müssen.

Gedächtnis und Musik

Viele Menschen lesen oder lernen lieber im Stillen, während andere gerne Hintergrundmusik hören. Auch wenn wir glauben, Musik, insbesondere Rockrhythmen, stören unsere Konzentration, ist es doch erwiesen, dass Musik unter bestimmten Umständen das Auffassungsvermögen steigert. In den 60er Jahren fand der bulgarische Psychologe Georgi Lozanov bei einem Experiment heraus, dass einige Menschen bei langsamer Barockmusik sehr viel besser lernten – verglichen mit anderen, die in absoluter Stille oder bei anderer Musik gelernt hatten. Weitere wissenschaftliche Ergebnisse zeigen, dass die ideale Musik zum Lernen und für optimales Abrufen der gespeicherten Informationen ein langsames, entspannendes Tempo von cirka einem Schlag pro Sekunde aufweist.

Die sanfte Stimme der Musik vibriert im Gedächtnis.

Percy Shelley
1821

Sie können das selbst ausprobieren: Versuchen Sie sich eine Folge von 15 zufälligen Zahlen einzuprägen, während Sie langsame Musik hören, zum Beispiel von Händel, Bach oder Vivaldi. Versuchen Sie dann das Gleiche bei Stille und vergleichen Sie Ihren Erfolg bei den beiden Versuchen. Dieses Experiment ist grob konzipiert, da noch viele andere Faktoren das präzise Erinnern beeinflussen. Dennoch können wir angenehm überrascht feststellen, dass bestimmte Musik das Gedächtnis zu unterstützen scheint.

Das Tempo ist nicht der einzig entscheidende Aspekt der Musik. Hochfrequenztöne stimulieren die elektrische Aktivität des Gehirns und steigern so unsere mentale Wachheit und die Aufnahmebereitschaft für Informationen. Im Gegensatz dazu machen uns Töne mit niedriger Frequenz schlapp und versetzen uns in einen Zustand, der dem Erinnerungsvermögen abträglich ist.

Ein Gedächtniskonzert veranstalten
ÜBUNG ACHT

Mit dieser Übung finden Sie jene Musik, die Ihr Gedächtnis individuell unterstützt. Denken Sie daran, was über Tempo und Tonhöhe gesagt wurde.

1. *Sehen Sie Ihre Musiksammlung durch und spielen Sie einige entspannende, langsame Musikstücke, bei denen Sie sich wohl fühlen. Manche davon könnten besondere Assoziationen mit früheren Erlebnissen des Wohlbefindens hervorrufen.*

2. *Wählen Sie drei Stücke aus, die den Kern Ihres Gedächtnisrepertoires darstellen. Idealerweise sollten es Stücke sein, bei denen Sie „dahinschmelzen" und die Harmonien der Instrumente genießen. Gesang sollte nur vorkommen, wenn die Worte Sie nicht zu sehr ablenken. Jedes Stück sollte mindestens fünf Minuten lang sein. Klassische indische Musik kann sehr beruhigend wirken, auch A-capella-Musik oder Gregorianische Choräle. Die Wahl bleibt Ihnen überlassen. Nehmen Sie die drei Stücke hintereinander auf eine Kassette auf.*

3. *Testen Sie die Effektivität Ihrer Gedächtnismusik durch vergleichende Experimente – zum Beispiel durch das Einprägen einer Liste von Zufallszahlen oder Straßennamen aus dem Telefonbuch oder der Reihenfolge von zufällig gemischten Karten. Vergleichen Sie die relative Effektivität jedes Stückes mit den beiden anderen und mit Stille.*

Die Kunst des Abrufens

Auf den vorhergehenden Seiten haben uns wir die wichtigsten Faktoren für das bewusste Verbessern des Gedächtnisses angesehen. Diese bilden die Grundlage für die spezifischen Merktechniken und -systeme im nächsten Kapitel. Wir haben auch die richtigen Voraussetzungen für effektives Einprägen besprochen, insbesondere die gesundheitlichen Aspekte und den Einsatz von Musik. Nun wird es Zeit, uns dem letzten Teil des Gedächtnisprozesses zuzuwenden – dem Erinnern selbst.

Die höchste Aufgabe des Verstandes ist seine Funktion als Bote.

D. H. Lawrence
1885 – 1930

In unserem Gehirn sind mehr Informationen gespeichert als wir jemals abrufen können. Doch Erinnerungen sind nutzlos, wenn sie nicht zugänglich sind. Ein effektives Gedächtnis ist im Stande, Informationen nach Belieben abzurufen – ganz besonders solche, die wir bewusst dort abgelegt haben.

Ob wir eine Erinnerung abrufen können, hängt in hohem Maße davon ab, wie wir sie beim ersten Mal organisiert und gespeichert haben. Wenn sie halbherzig, ohne die entsprechende Konzentration und Wiederholung gespeichert wurde (siehe Seite 81), kann sie verschwunden sein. Oder sie ist schwierig zu finden, weil sie durch eine ineffektive Assoziation falsch verankert wurde. Die Kunst des Abrufens befähigt uns, die richtige Verbindung oder Abfolge von Verbindungen zur gewünschten Erinnerung herzustellen.

Abrufen ist ein strategischer Vorgang. Wir beginnen die geistige Suche eher logisch als zufällig. Während wir mit der linken Gehirnhälfte Optionen aussortieren, arbeitet die rechte Gehirnhälfte unterschwellig mit, etwa durch gefühlsbetonte oder sinnliche Assoziationen. Wenn wir zum Beispiel versuchen uns an den Namen der Stadt

zu erinnern, die wir letzten Sommer besucht haben, können wir zuerst an den Klang des Namens denken. Schlägt dieser Versuch fehl, können wir andere logische Zugänge ausprobieren – „Hauptstraßen", von denen wir glauben, dass sie uns zur Antwort führen. Wir können uns bewusst machen, wann wir dort waren, mit wem und auf welche Weise wir angereist sind. Doch Logik allein wird nicht erfolgreich sein. Während wir eine viel versprechende Hauptstraße entlang gehen, fallen uns auch „kreative" Aspekte ein – die erste Ansicht der Stadt, der Duft der Zitronenbäume, das Zirpen der Grillen. Irgendwie taucht plötzlich zwischen all diesen bewusst heraufbeschworenen Eindrücken der Name aus den Tiefen des Gedächtnisses auf – ein Gefühl, das uns allen vertraut ist. Den oder die entscheidenden Auslöser für das Erinnern kennen wir oft gar nicht.

Eine bewusste Assoziation aufzurufen, um eine Erinnerung zu finden, ist diesem Prozess nicht unähnlich. Wir haben bereits einen Weg erarbeitet um uns an den Namen „Horace Washington" zu erinnern – durch Assoziation mit dem Dichter und der Stadt (siehe Seite 72). Wenn wir nun an diese Person denken, könnte zuerst die Stadt vor unserem inneren Auge auftauchen, dann erinnert uns vielleicht ein Geistesblitz an diese Verbindung: der klassische Dichter Horaz, die neoklassische Architektur. Das führt uns schließlich zum Namen selbst und wird im Geiste von einem stillen „Heureka!"-Ruf begleitet. Wenn uns der Name so plötzlich einfällt, warum mussten wir dann den Umweg über diese umständlichen Assoziationen nehmen? Die Antwort lautet: Weil uns der Name selbst nichts bedeutet hat, er besaß keinerlei intrinsische Assoziationen und dadurch waren die Chancen sich an ihn zu erinnern verschwindend gering. Doch sobald wir ein Netz aus Assoziationen rund um den Namen weben, befestigen wir ihn an tieferen Elementen in unserem Gedächtnis. Diese haben sich den Verbleib in unseren mentalen Datenbanken bereits zuvor verdient. Während wir nach der Antwort suchen, fungieren sie in einer raschen Abfolge von Ereignissen als Stufen zu einem Ort in unserem Gedächtnis, den wir nur einmal zuvor besucht haben. Das Vertraute führt uns so zum Neuen.

Ein weiterer Aspekt des Abrufens besteht darin, dass Teile zum Ganzen führen können. Wenn uns etwa der Name der Brutgegend der europäischen Aale einfallen soll, könnten wir daran denken, dass er vier aalartige Buchstaben („s") enthält – die Sargassosee. Wenn wir uns an die vier „s" erinnern, also an ein Fragment des Namens, ergibt sich der Rest wie von selbst.

Die Umgebung, in der wir etwas lernen, kann ein wirksamer Auslöser für das Abrufen sein. Psychologen nennen dieses Phänomen „kontextabhängige Erinnerung". Als man bei

Erinnerungen mögen sich dem Einfluss des Willens entziehen und lange Zeit schlafen, doch wenn Sie durch die richtige Macht, Licht oder Schatten, berührt werden, erstrahlen sie in voller Gestalt und Lebendigkeit und alles ist an seinem Platz.

John Muir
1916

einem Experiment Taucher bat, unter Wasser etwas zu lernen, konnten sie die Daten bei einem weiteren Tauchgang weitaus vollständiger wiedergeben als auf dem Trockenen.

Wenn ein Anblick, ein Geräusch oder ein Geruch unerwartet scheinbar Vergessenes zu Bewusstsein bringt, nennt man das eine „überraschende Zufallserinnerung". Dieses Phänomen weist darauf hin, dass eine Vielzahl von Erinnerungen abgerufen werden kann, wenn wir nur die richtigen Auslöser dafür finden.

Die meisten von uns kennen die Erfahrung, dass wir in unserem Gedächtnis mit allen Mitteln vergeblich nach etwas suchen und uns die Antwort – vielleicht der Name eines Politikers oder der Titel eines Films – viel später einfällt, wenn wir es am wenigsten erwarten. Angesichts einer schwierigen Aufgabe muss das Gehirn ein ganzes Leben voller Auslöser und Assoziationen absuchen. Manchmal reicht es aus sich auf etwas anderes zu konzentrieren, damit der Verstand seine Arbeit ohne den Widerstand unserer Frustration erledigen und die Information finden kann. Wenn Sie Ihr Gedächtnistraining beginnen, denken Sie daran, dass Sie einen Prozess formalisieren, den das Gehirn bisher unbewusst bewältigt hat. Erwarten Sie nicht, das Biest sofort zu zähmen.
Die Kunst des Erinnerns erfordert geduldiges Vertrauen und die Einsicht, dass man Antworten nicht erzwingen kann.

GEDÄCHTNIS MIT PLAN

Merktechniken entdecken

In den vorhergehenden Kapiteln betrachteten wir die Prinzipien, die den verschiedensten Techniken zur Steigerung der Gedächtnisfähigkeit zu Grunde liegen, vor allem Vorstellungskraft, Assoziation und Verortung. Jetzt ist es an der Zeit, diese Techniken selbst zu erklären. Einige der Methoden sind historisch überliefert und an moderne Erfordernisse angepasst, andere habe ich selbst entwickelt und bei diversen Gedächtnisweltmeisterschaften mit Erfolg ausprobiert, wieder andere beruhen auf „Volksweisheiten" und gesundem Menschenverstand. Betrachten Sie dieses Kapitel als Ihre Basisausstattung. Einige Werkzeuge können Ihnen im Gebrauch einfacher erscheinen als andere. Bestimmt gibt es auch einige Bestandteile, die Sie für Ihre eigenen Zwecke modifizieren möchten – wie ein Künstler, der die gekaufte Farbpalette mit eigenen Mixturen ergänzt, um so seine Lieblingseffekte zu erzielen. Ich hoffe, dass für jeden etwas dabei ist, und wünsche Ihnen Erfolg und neue Erkenntnisse, wenn Sie beginnen die verborgene Kraft Ihres Verstandes zu entdecken.

Gedächtnisstützen

Das Wort „Mnemonik" stammt vom griechischen *mnemon*, „aufmerksam", was uns auch auf die griechische Göttin Mnemosyne verweist. Ein Mnemonikum ist ein Kunstgriff, der uns beim Erinnern hilft, eine Gedächtnisstütze oder so genannte „Eselsbrücke".

Auch wenn der Begriff streng genommen sämtliche Merktechniken umfasst, werden damit häufig speziell auf Worten basierende Methoden wie Akronyme und Verse bezeichnet. Wortbezogene Gedächtnisstützen sind jedoch nicht universell anerkannt. Viele Akademiker tun sie als Wortspiele ab, triviale Verse für Papageien, die Fakten lieber nachplappern als verstehen. Einige Mnemonika sind auch schwierig zu entwirren. Meiner Meinung nach schaden Wortspiele keinesfalls, wenn sie Ihnen dabei helfen, sich zur richtigen Zeit an die die richtige Information zu erinnern.

Ein *Akronym* ist ein Wort, das aus den Anfangsbuchstaben der gesuchten Wörter besteht. Zum Beispiel kann uns das Akronym SAH an die Gehörknöchelchen erinnern: Steigbügel, Amboss und Hammer. Wenn es um die Reihenfolge der Saiten einer Gitarre (beginnend mit der tiefsten) geht, könnten Sie das *erweiterte Akronym* „Ein Anfänger Der Gitarre Hat Eifer" verwenden.

Wie effektiv diese Techniken sind, hängt zunächst davon ab, wie gut Sie sich die Akronyme und erweiterten Akronyme einprägen können. Wenn wir uns die Mühe machen, ein paar zusätzliche Assoziationen herzustellen, werden diese das Gehirn beim kreativen Visualisieren der ausgeschmückten Daten unterstützen. Wenn Sie also wieder eimal die Gehörknöchelchen aufzählen wollen, dann sehen Sie vor Ihrem geistigen Auge vielleicht den Arzt, der Ihnen mit einem Instrument ins Ohr *sah* und erinnern sich so an das Akronym SAH. Wenn Sie die Abfolge der Gitarrensaiten benötigen, lassen Sie sich vom Bild eines jungen Schülers inspirieren, der angestrengt die Tonleiter auf und ab spielt.

Rhythmus eignet sich hervorragend zum Einprägen von Informationen. Deshalb sind so viele verbale Gedächtnisstützen in Versen formuliert. Wie merken Sie sich, welcher Monat wieviele Tage hat? Viele Menschen verwenden den Reim „30 Tage haben September, April, Juni und November". Einer der durch Zufall „saubersten" Reime erinnert uns in der richtigen Reihenfolge an das Schicksal der sechs Frauen von Heinrich VIII: „Geschieden, geköpft, verschieden – geschieden, geköpft, verblieben."

Zahlensprache

In der Mathematik kann man sich die Reihenfolge der Rechenarten für komplexe Gleichungen so merken: „Können Macht Das Ausrechnen Schneller!" – Klammern, Multiplikation, Division, Addition, Subtraktion.

Mit simplen Wortspielen kann man sich auch Zahlenfolgen merken. Gedächtnisprofis verwenden zum Beispiel für Aufgaben wie das Einprägen der ersten fünf Kommastellen der Zahl Pi (3,14159) Sätze, bei denen die Anzahl der Buchstaben in den Worten den gesuchten Zahlen entspricht. Im englischen Satz „I have a super technique (to help me remember pi)" – „Ich habe eine super Technik (um mir Pi zu merken)" – ergibt die Anzahl der Buchstaben in den Worten (vor der Klammer) 14159.

So ein System mag beim Decodieren langsam sein, doch wenn es funktioniert, lohnt es den Aufwand.

Visuelle Aufhänger

Um unsere bewussten Erinnerungen – jene, die wir vorsätzlich dem Prozess des Einprägens und Abrufens überantwortet haben – vor dem Verblassen zu schützen, müssen wir sie verankern. Eine der verlässlichsten Methoden beruht hauptsächlich auf Assoziation, benötigt aber auch Fantasie und Verortung in ihrer einfachsten Form. Wir verbinden geistig die Information mit einer „Orientierungsmarke", die wir leicht immer wieder auffinden können. Sie dient uns als visueller Aufhänger und funktioniert wie ein Briefkasten, den wir nach Belieben aufsuchen können. Wie können wir uns aber eine unvergessliche Orientierungsmarke einprägen? Und wie können wir diese Methode für mehrere Informationen, etwa für Namenslisten oder die Stichworte für ein Bewerbungsgespräch verwenden?

Die Antworten auf diese Fragen hängen zusammen. Wenn wir uns nicht nur einen Aufhänger vorstellen, sondern ein ganzes System, werden die Verbindungen zwischen den einzelnen „Haken" diese besser in unserem Gedächtnis fixieren. Denken Sie an einen

Vogel, ein Flugzeug und einen Boomerang. Um sich diese Dinge zu merken, hilft der Gedanke, dass das verbindende Element die Luft ist. Ein System gibt den Einzelteilen einen Zusammenhang, der sie einprägsamer macht. Wenn wir uns an drei von vier Dingen erinnern, fällt uns das vierte leichter ein, wenn es mit den anderen drei verwandt ist.

Theoretisch kann ein visuelles Hakensystem eine beliebige Anzahl von Aufhängern enthalten, doch muss die Anzahl selbst einprägsam sein. Daher eignen sich runde Zahlen am besten: zehn ist machbar, 20 ist nicht unmöglich.

VISUELLE AUFHÄNGER

Die Gedächtniswaldtafel mit zehn Aufhängern
ÜBUNG NEUN

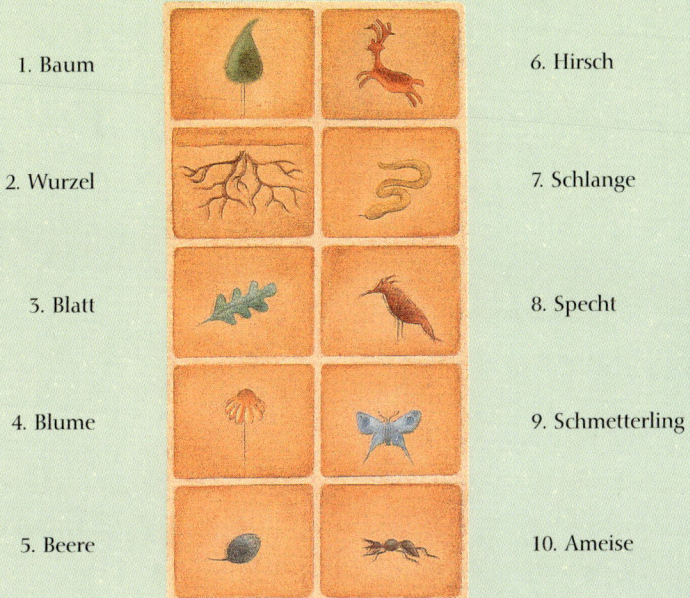

1. Baum
2. Wurzel
3. Blatt
4. Blume
5. Beere
6. Hirsch
7. Schlange
8. Specht
9. Schmetterling
10. Ameise

Die Gedächtniswaldtafel besteht aus zehn logisch geordneten Waldcharakteristika: Jede Seite, Pflanzen und Tiere, ist nach der Größe geordnet.

1. Prägen Sie sich die Tafel durch Visualisierung in der Reihenfolge in. Als Hilfe dient die logische Ordnung der Aufhänger: jede Fünfergruppe beginnt mit dem größten Teil und endet mit dem Kleinsten. Pflanzen und Tiere sind durch den Zusammenhang Wald leicht als System von zehn Aufhängern zu merken.

2. Versuchen Sie zum Beispiel sich die Bücher des Alten Testaments in der richtigen Reihenfolge einzuprägen: Genesis, Exodus, Levitikus, Numeri, Deuteronomium, Josua, Richter, Rut, Samuel 1, Samuel 2. Der Baum könnte einen Stammbaum mit der Genesis Ihrer Familie darstellen, die Wurzeln verbreiten sich unter dem Baum, als ob sie einen Exodus vornehmen wollten, Levitikus liest den Blättern die Leviten und so weiter.

Die Geschichtenmethode

Sich etwas durch eine Geschichte einzuprägen gibt uns die Möglichkeit, unserer Fantasie freien Lauf zu lassen. Wenn Sie zurückdenken, können Sie sich sicher an viele Geschichten erinnern, die Ihnen als Kind erzählt wurden – weil sie dramatisch, farbig, spannend und unterhaltsam waren, so dass Sie sie damals interessant fanden.

Beim Aufhängersystem sind die Aufhänger vorher festgelegt, doch bei der Geschichtenmethode wird die Erzählung erst anhand der Informationen gebildet. Bei dieser Technik verknüpfen wir Daten oder Ereignisse, an die wir uns erinnern wollen, zu einer maßgeschneiderten Geschichte. Für jede Liste erfinden wir eine neue Erzählung, die wir uns einprägen, weil wir – wie alle guten Erzähler – unsere Fantasie benutzen, um zu betonen, zu übertreiben und auszuschmücken.

Die Grundregeln bleiben die gleichen, ob es nun um zusammenhängende Daten wie die Staaten der USA oder die Königinnen und Könige Englands geht oder um unverbundene, wie in der folgenden Übung. Die Verbindungen zwischen den einzelnen Daten müssen geeignet sein, die Aufmerksamkeit zu fesseln – eine langweilige Verbindung führt zu fehlerhaftem Abrufen. Deshalb sollte man Surreales, Bewegung und Farben einsetzen. Wenn die ersten beiden Dinge auf einer Liste zum Beispiel „Rucksack" und „Diamant" sind, können Sie sie so verbinden: „Ich durchsuche einen schmutzigen Rucksack nach einem glitzernden Diamantring." Glauben Sie aber, Sie könnten sich an Informationen leicht erinnern, ohne diese auszuschmücken: Wenn Sie die Daten lebhafter gestalten, sie präzise visualisieren und auch Geräusche oder Gerüche einbeziehen, fixieren Sie diese umso fester in Ihrem Gedächtnis.

Eine Gedächtniskette bilden

ÜBUNG ZEHN

Mit dieser Übung trainieren Sie das Herstellen effektiver Verbindungen und lernen so, das Beste aus der Geschichtenmethode herauszuholen.

1. Verwenden Sie folgende Worte: Butter, Krokodil, Telefon, Benzin, Schere, Hose, Schnee, Katze, Piano, Koffer. Stellen Sie eine Verbindung zwischen Butter und Krokodil her. Sie können auch Teile von Worten benützen. Es könnte einprägsamer sein, sich Buttercreme mit **Krok**ant vorzustellen, als ein **Krok**odil, das Butter isst (siehe Seite 100).

2. Wenn die erste Verbindung gemacht ist, denken Sie an den Kontext, in dem sie stattfindet. Wie sieht er aus? Wenn Sie Buttercreme mit Krokant visualisiert haben, ist die Szene dazu vielleicht in der Küche angesiedelt. Wenn Sie für alle Informationen einen Ort wählen, werden die Verbindungen einprägsamer.

3. Fahren Sie fort, die Worte eines nach dem anderen zu verbinden. Wenn ein Wort schwierig einzubinden erscheint, denken Sie an Details der Szene. „Schnee" könnte zum Beispiel durch eine Ansichtskarte von schneebedeckten Bergen auf dem Fensterbrett repräsentiert werden, oder durch eisigen „Schnee" im Tiefkühlfach.

4. Wenn Sie alle Worte verbunden haben, warten Sie eine halbe Stunde. Versuchen Sie dann, die Worte wiederzugeben, indem Sie sie die hergestellten Verbindungen verwenden. Notieren Sie sie und überprüfen Sie anschließend die Liste.

Wenn Sie an ein Wort kommen, das für Sie schwierig zu visualisieren ist, können Sie es mit „Teilwörtern" versuchen. Das könnte zum Beispiel passieren, wenn Sie sich die Staaten der USA merken wollen. Nehmen Sie dann die erste oder wichtigste Silbe des Wortes und stellen eine Verbindung mit einem Wort her, das diese Silbe enthält. Wenn es zum Beispiel um „Virginia" und „Washington" geht, können Sie eine Frau namens *Virginia* visualisieren, die beim Ab*wasch* bis zum Hals in Seifenschaum steht.

Dieses Beispiel basiert auf Worten, doch wir können auch ein System anwenden, das auf Bildern beruht – wir geben den Worten, die wir uns einprägen wollen, eine symbolische und anschauliche Form. Nehmen wir an, Sie wollen sich die Sternzeichen in der richtigen Reihenfolge einprägen. Hier werden wir uns Bildern und Symbolen zuwenden, weil sie einprägsamer sind als die Bezeichnungen. Dann formulieren wir eine Geschichte, die mit dem Bild eines Widders beginnt. Bedenken Sie, dass die besten Geschichten stets einen Anfang, einen Mittelteil und einen Schluss haben und voller Spannung und Action sind. Versuchen Sie so kreativ wie möglich zu sein. Wenn es Ihnen hilft, können Sie Ihre Geschichte auch laut einem imaginären Publikum erzählen. Beleben Sie die Erzählung durch Geschwindigkeit und Betonung. Wir könnten uns vorstellen, dass wir inmitten eines weiten Feldes stehen, das sich rund um uns erstreckt. Plötzlich erscheint am Horizont ein Widder, der mit Höchstgeschwindigkeit auf uns zurast. Gerade als wir ihm ausweichen wollen, hören wir das Donnern von Hufen und erkennen, dass der Widder nur einem wilden Stier entkommen möchte. Der Bulle schnaubt die Luft durch seine bebenden Nüstern. Auf seinem Rücken sehen wir zwei kleine Figuren, Zwillinge, die um Hilfe rufen, und so weiter.

Machen Sie nun die Übung auf Seite 99 zur Verbindung unzusammenhängender Informationen und die folgende Übung.

DIE GESCHICHTENMETHODE

Eine Erzählung erschaffen

ÜBUNG ELF

Geschichten zu erfinden, ist ein sehr persönlicher Akt – damit sie einprägsam sind, müssen Sie sich die Abfolge der Ereignisse lebhaft vorstellen können. Entwerfen Sie eine Schilderung, um sich die Reihenfolge der Planeten einzuprägen. Adaptieren Sie die Methode dann auch für andere Daten.

1. Die Reihenfolge der Planeten lautet: Merkur, Venus, Erde, Mars, Jupiter, Saturn, Uranus, Neptun, Pluto. Visualisieren Sie sie, indem Sie ihnen eine spezielle Form geben. Der Himmelsbote Merkur könnte Flügel haben und Venus eine wunderschöne Frau sein.

2. Entwerfen Sie einen Kontext für Ihre Geschichte: Spielt sie im Weltraum oder auf der Erde? Wo auf der Erde? Stellen Sie sich die Eröffnungsszene detailliert vor: Wie sieht die Landschaft aus? Sind auch Menschen dort? Wie ist das Wetter? Welche Geräusche hört man? Beginnen Sie Ihre Geschichte in dieser Szene – welche Rolle spielt der erste Planet?

3. Arbeiten Sie die anderen Planeten der Reihe nach in Ihre Geschichte ein. Seien Sie kreativ! Ein Planet ist eine Person (Venus?), einer ein Ort (Erde?), einer ein Tier (Pluto?).

4. Warten Sie eine Stunde. Testen Sie sich dann selbst, indem Sie mittels der Geschichte die Planeten der Reihe nach aufsagen. Überdenken Sie zu schwache Verbindungen.

Die Reisemethode

Die Reisemethode kombiniert die Aufhängermethode mit der Geschichtenmethode. Jede dieser beiden Techniken nutzt zwei der drei Schlüssel zum Gedächtnis – Vorstellung und Assoziation. Die Reisemethode geht einen Schritt weiter und setzt zusätzlich die Verortung ein. Deshalb halte ich die Reisemethode für die effektivste der Merktechniken.

Die Methode beruht auf einer vorgeplanten mentalen Reiseroute, an der sich eine Zahl von Schauplätzen befindet, die als Anker für die einzuprägenden Informationen dienen. Wenn eine Erinnerung durch eine Assoziation nach der Aufhängermethode fixiert wird, besteht stets das Risiko, dass die Verbindung zu schwach ist und leicht verloren geht. Bei der Reisemethode sind die Verbindungen viel stärker, weil die Schauplätze durch die festgelegte Reiseroute verbunden sind, und jede Information an einer Orientierungsmarke an dieser Route „aufgehängt" wird.

Ich bin ein begeisterter Golfspieler und höre den anderen Spielern im Klub oft zu, wie sie unbewusst die Reisemethode verwenden, um ein Spiel Schlag für Schlag zu rekonstruieren. Sie erinnern sich fehlerfrei an jedes gespielte Loch: welche Schläger sie und ihr Gegner verwendeten, wieviele Schläge sie spielten, wie oft geputtet wurde und so weiter. Sie rufen dabei eine hochkomplexe Liste von numerischen Daten ab. Plötzlich ist jeder Golfspieler im Klubhaus ein Gedächtniskünstler – wie kommt das? Der Grund ist die Reisemethode. Jeder Spieler verwendete eine geistige Route von 18 Schauplätzen auf dem Golfplatz. An jedem Schauplatz sind

DIE REISEMETHODE

spezifische Informationen über das Spiel stationiert. Wenn man im Geiste frühere Schritte nachverfolgt, ruft man durch Assoziation die Details ab, die entlang dieser Route gespeichert wurden.

Man kann es plausibel finden, dass Informationen so leicht abgerufen werden – und häufig stimmt das auch: Es ist ganz logisch. Wir alle verwenden die Reisemethode von Zeit zu Zeit, ob wir nun ein Golfspiel rekonstruieren oder darüber nachdenken, wo wir im Supermarkt die Eier finden. Wenn die gesuchten Informationen tatsächlich zum Kontext gehören, liegt es nahe, dass wir sie finden, indem wir die geistige Route abschreiten. Doch ich habe zudem herausgefunden, dass auch unzusammenhängende Daten entlang derselben Route, etwa Golfplatz oder Supermarkt, platziert und durch mentales Abschreiten wiedergefunden werden können. In Wahrheit habe ich dabei nur etwas erkannt, was wir alle auf natürliche Weise tun. Ich begann, diese Methode gezielt zu verwenden.

Wie wählen wir also die Reiseroute aus? Jede vertraute Strecke eignet sich – wichtig ist nur, dass sich die Schauplätze und Orientierungsmarken einprägsam unterscheiden. Denken Sie über Strecken nach, die Sie schon oft benutzt haben – vielleicht den Weg von zu Hause zum Arbeitsplatz oder zu Ihren Eltern. Es kann auch eine Route aus Ihrer Kindheit sein, etwa ein Spaziergang durch den Wald oder der Schulweg. Vielleicht wollen Sie auch wie ich mental Ihren Lieblingsgolfplatz abschreiten. Visualisieren Sie zunächst die Schauplätze möglichst detailliert. Wenn Sie den Weg von zu Hause zum Supermarkt gewählt haben, stellen Sie sich vor, wie Sie zum Gehen bereit an Ihrer Haustür stehen. Beobachten Sie sich selbst, wie Sie über die Schwelle gehen, den Weg zum Gartentor entlang, sich dort nach rechts wenden und die Straße hinunterspazieren. Woran kommen Sie vorbei? Stellen Sie sich jedes Gebäude oder Merkmal, das Sie passieren, so detailliert wie möglich vor. Wenn es ein Haus ist, wie ist seine Architektur? Was passiert im Inneren? Wenn es sich um einen Laden handelt, was wird verkauft? Wer ist der Besitzer? Vielleicht ist es eine Bäckerei und der Duft von frischem Brot zieht die Straße entlang. Stellen Sie sich jedes Merkmal dreidimensional vor. Wie verändert sich Ihre Perspektive im Vorbeigehen?

Welche Merkmale eignen sich als Schauplätze zum Platzieren von Informationen, die Sie sich einprägen möchten? Je auffälliger, desto besser natürlich. Versuchen Sie, möglichst viele außergewöhnliche Dinge zu integrieren, vielleicht ein Denkmal oder eine stillgelegte Fabrik. Die Anzahl der Schauplätze bestimmt die Anzahl der Daten, die Sie auf dieser speziellen Route ablegen können – wenn Sie 24 Schauplätze haben, können Sie 24 Dinge von einer Einkaufsliste platzieren, 24 Stichworte einer Rede, 24 Menschen in einem Raum.

Die Route abgehen

ÜBUNG ZWÖLF

Wenn Sie es für Sie schwierig ist sich an die Dinge zu erinnern, die Sie an einer Route platziert haben, hilft diese Übung. Trainieren Sie Ihren Verstand und schaffen Sie Assoziationen, indem Sie den Weg wirklich abgehen.

1. Wählen Sie eine Route aus, die kurz genug ist, um zu Fuß gegangen zu werden, vielleicht ein Spaziergang in einem Park. Visualisieren Sie den Weg vorher und legen Sie zehn Schauplätze fest, etwa eine Bank, ein Rosenbeet, einen Spielplatz oder einen Teich.

2. Schreiben Sie folgende Worte auf ein Papier: Rad, Explosion, Gorilla, Auto, Bischof, Bleistift, Käfig, blau, Computer, Sekt. Nehmen Sie die Liste, machen Sie sich auf den Weg.

3. Halten Sie beim ersten Schauplatz an. Assoziieren Sie ihn fantasievoll mit dem ersten Ding Ihrer Liste. Gehen Sie weiter und tun Sie das gleiche mit den restlichen Dingen.

4. Wiederholen Sie zu Hause mental Ihren Weg und erinnern Sie sich, welche Dinge Sie mit welchen Plätzen verbunden haben. Nehmen Sie wenn nötig die Liste zu Hilfe.

5. Gehen Sie am nächsten Tag den Weg ohne Liste nochmals ab. Rufen Sie sich an jedem Schauplatz den zugehörigen Begriff ins Gedächtnis. Wiederholen Sie Ihren Weg am folgenden Tag nur noch geistig – haben Sie sich alle Begriffe eingeprägt?

Erwarten Sie am Anfang noch nicht zuviel von sich selbst – beginnen Sie mit zehn Schauplätzen.

In der Praxis platzieren wir jene Informationen, an die wir uns erinnern wollen, durch das Visualisieren einer Assoziation entlang der gewählten Route, um vor dem geistigen Auge eine Szene oder ein Arrangement entstehen zu lassen. Nehmen wir an, Sie müssten sich zehn berühmte Schauspieler merken. Wie können Sie diese an Ihren Schauplätzen positionieren? Clint Eastwood könnte zum Beispiel als Cowboy an Ihrem Gartentor lehnen und den Rauch von seinem Revolverlauf blasen. Je fantasievoller Ihre Positionierungen, umso einprägsamer werden sie sein. So könnte aus Ihrem Gartentor auch die Tür eines Saloons werden und Clint Eastwood stolziert in Westernmanier hindurch, während alles den Atem anhält. Wenn Sie fertig sind, wird Ihre Route auf surreale Weise von überlebensgroßen Schauspielern bevölkert sein, die für sie typische Dinge tun. Johnny Weissmüller, der in den 30er Jahren den Tarzan spielte, könnte sich zum Beispiel von der Kirchturmspitze schwingen und seinen berühmten Tarzanschrei loslassen.

Natürlich besteht kein Grund, sich nur eine Reiseroute auszudenken. Ich habe mir verschiedene Routen zurechtgelegt, fast wie eine

Sammlung mentaler Videobänder, die ich für unterschiedliche Arten von Informationen benutze: für Spielkartensätze meinen Golfplatz, für Namen bei Konferenzen eine Reise, die ich als Kind gemacht habe. Wenn ich mir eine Einkaufsliste einpräge, platziere ich die Dinge auf einem Rundgang um mein Haus. Das ist eine Erweiterung der römischen „Gedächtnisvilla"-Technik. Wie die Römer, die sich geistige Abbilder Ihrer Häuser ausmalten, glaube auch ich, dass die Reisemethode am besten mit einer Route funktioniert, die wir gut kennen.

DIE REISEMETHODE

Das Gedächtnishaus
ÜBUNG DREIZEHN

Diese Übung dient zum Einprägen von zehn Lebensmitteln und ist für andere Dinge adaptierbar.

1. Visualisieren Sie die Innenräume Ihres Heims. Gehen Sie auf Ihrem Rundgang von der Eingangstür aus durch Vorzimmer, Küche, Wohnzimmer etc. Enden Sie im Schlafzimmer.

2. Richten Sie im Haus zehn Schauplätze ein, wo Sie einzuprägende Dinge platzieren können: der Spiegel im Vorzimmer, das Spülbecken in der Küche, das Bett und so weiter. Visualisieren Sie die Schauplätze in der Reihenfolge, in der Sie an ihnen vorübergehen.

3. Gehen Sie im Geiste durch Ihr Haus und platzieren Sie folgende Dinge in der richtigen Reihenfolge: Käse, Milch, Orangen, Eiscreme, Frühstücksflocken, Bananen, Brot, Broccoli, Fisch, Tomaten. Seien Sie kreativ – der Käse liegt wie ein Mantel über dem Sessel im Vorzimmer, die Milch rinnt aus der Küchenarmatur, eine Tomate ist Ihre Schlafzimmerlampe.

4. Warten Sie etwa eine Stunde und wiederholen Sie dann mental Ihren Rundgang. An jedem Schauplatz sollte Ihnen das richtige Ding zu Bewusstsein kommen. Wenn Sie zum Supermarkt gehen, rufen Sie sich den Rundgang in Erinnerung und vergessen Sie nichts!

Das DOMINIC-System

Zahlen sind schwierig einzuprägen, weil sie außerhalb ihrer abstrakten Welt wenig Bedeutung haben. Deshalb entwickelte ich das DOMINIC-System (Decipherment Of Mnemonically Interpreted Numbers Into Characters – Umsetzung von mnemonisch interpretierten Zahlen in Personen), um Zahlen mit der viel stimulierenderen und einprägsameren äußeren Welt zu verbinden.

Ihre Vorstellungskraft bildet das Herz des DOMINIC-Systems, mit dem Sie Zahlen als Bilder „sehen" können. Es ist eine Ergänzung zum Zahlengestaltsystem (siehe Seite 110 f.). Personen sind unverwechselbar, beweglich und aktiv – diese Eigenschaften verwendet das DOMINIC-System.

Wie funktioniert das System? Zuerst denke ich an Zahlen, die ich automatisch mit Personen assoziiere. Zum Beispiel ist sieben James Bond (seine Agentennummer ist 007), zehn ist Dudley Moore (Star des Films 10), und 39 ist der „Memory man" (aus John Buchans Roman *Die 39 Stufen*). Für jene Zahlen, die keine unmittelbaren Assoziationen auslösen, müssen wir mentale Gedächtnisstützen anlegen, welche die Zahlen mit Bildern verbinden. Das erfolgt durch ein zehnteiliges Alphabet. Jeder der zehn Ziffern (0, 1, 2, 3, 4, 5, 6, 7, 8, 9) wird ein Buchstabe zugeordnet. Für 1 könnte das A stehen, für 2 B, für 3 C und so weiter. Häufig ist es aber besser, logische und bildliche Assoziationen zu mischen: So könnte der Buchstabe O

wegen seiner Gestalt für die Zahl Null stehen, und S für 6, weil „sechs" zwei „s" enthält.

Im nächsten Schritt gruppieren wir die Ziffern zu Paaren, die die Initialen von Personen darstellen. Den Zahlen von 1 bis 9 stellen wir eine 0 vor (01, 02, 03 und so weiter). 00 steht für die Zahl Null. Danach bestehen alle Zahlen bis 99 aus zwei Ziffern. So könnte 66 zu S(ylvester) S(tallone) werden, 12 zu A(nne) B(oleyn). Die Personen müssen so unterschiedlich wie möglich ausgewählt werden. Es ist nicht nötig, ein vollständiges mentales Bild der Person zu entwerfen, doch man muss sie mit einer typischen Handlung oder einem charakteristischen Gegenstand verbinden können: etwa Stallone mit einem Maschinengewehr und Anne Boleyn enthauptet. Daraus entwickelt sich ein Vokabular, das alle Zahlen von Null bis 99 abdeckt. Das mag zunächst wie eine entmutigende Aufgabe erscheinen, doch wenn Sie sich vornehmen pro Woche 20 Personen zu erschaffen, werden Sie überrascht sein, wie schnell Ihnen die neue Sprache geläufig wird. Wichtig ist nur, dass Sie naheliegende Assoziationen verwenden.

Um sich zum Beispiel an Ihre Krankenversicherungsnummer zu erinnern – angenommen 071237 – stellen Sie sich einen Ort vor, vielleicht das Wartezimmer Ihres Arztes. Teilen Sie die Zahl in Zweiergruppen und ordnen Sie diesen Buchstaben (also Personen und Handlungen) Ihres DOMINIC-Systems zu: 07 ist James Bond/mit dem Auto rasen, 12 wird Anne Boleyn/Enthauptung, 37 wird Claudia Schiffer/auf dem Laufsteg. Bilden Sie daraus eine Kurzgeschichte nach dem System Person – Handlung – Person. So wird aus der Zahl 071237 eine Szene im Wartezimmer: James Bond (Person) enthauptet (Handlung) Claudia Schiffer (Person). Wenn Ihnen beim Gruppieren in Paaren eine einzelne Ziffer übrigbleibt, verwenden Sie zusätzlich das Zahlen-Gestalt-System.

Das Zahlen-Gestalt-System

Die moderne Welt ist voller Zahlen, die unser Leben einfacher machen sollen. Wir müssen uns Codes für Kreditkarten, für das Sicherheitssystem in der Firma, für die Kindersperre am Videorekorder merken – abgesehen von den Telefonnummern von Verwandten, Freunden, Kollegen und Kunden. Wenn wir unser Adressbuch vergessen oder – noch schlimmer – verlieren, sind wir hilflos. Zeit, das einzige Adressbuch in Form zu bringen, das wir nie verlieren können: unser Gehirn.

Das Problem mit dem Einprägen von Zahlen besteht darin, dass sie allen, die keine große Leidenschaft für Arithmetik hegen, wenig Inspiration bieten. Sie sind statisch, ausdruckslos und unpersönlich. Sie sprechen nur den logischen Teil unseres Gehirns an. Damit sie einprägsamer werden, müssen wir sie auch für unsere kreative Seite attraktiv machen: beweglich, ansprechend und fantasievoll.

Eine der beliebtesten Methoden ist das Zahlen-Gestalt-System, bei dem jede Ziffer von 0 bis 9 in einen Gegenstand verwandelt wird, der ihrem Schriftbild ähnelt. Zum Beispiel kann 0 (Null) als Goldring oder Fussball erscheinen, 1 als Bleistift oder Kerze, 2 als Schwan oder Schlange, 3 als Lippen im Profil oder Handschellen, 4 als Segel einer Yacht oder als Wimpel, 5 als Seepferdchen oder Haken, 6 als Elefantenrüssel oder Golfschläger, 7 als Boomerang oder Sprungbrett, 8 als Schneemann oder Sanduhr, 9 als Luftballon an einem Band. Sie können natürlich auch Ihre eigenen Assoziationen bilden – versuchen Sie diese mit persönlicher Bedeutung zu versehen, indem Sie individuelle Gegenstände integrieren.

Aus den Assoziationen können wir Geschichten bilden, um uns Zahlenfolgen zu merken. Wenn der PIN-Code Ihrer Kreditkarte zum Beispiel 4291 lautet, können Sie sich vorstellen, dass Sie auf dem Weg zu Ihrer Bank, einen Fluss hinabsegeln (4) müssen und dabei einen Schwan (2) sehen, der in seinem Schnabel das Band eines Luftballons (9) hält. Am anderen Ende des Bandes hängt ein Bleistift (1) – damit unterschreiben Sie Ihren Scheck.

Für längere Sequenzen können Sie dieses System auch mit der Reisemethode (siehe Seite 102 – 107) kombinieren. Wenn die ersten drei Zahlen einer zwölfstelligen Folge 8, 0 und 3 lauten und wir einen Golfplatz begehen, könnten wir am ersten T einen Schneemann visualisieren, ein Goldring glitzert am zweiten Loch, am dritten versucht ein Golfer, mit Handschellen zu spielen und so weiter.

In den Sphären der Mathematik sind wir mit Prozessen konfrontiert, die manchen wie die inhumansten aller menschlichen Aktivitäten erscheinen, die distanzierteste Form der Poesie. Doch genau hier hat die Fantasie des Künstlers ihre größte Entfaltungsmöglichkeit.

Havelock Ellis
1923

Dreistellige Zahlen

Zum Einprägen von Hunderterzahlen kann man eine Kombination von DOMINIC-System und Zahlen-Gestalt-System verwenden. Wir müssen nur die dreistellige Zahl in ein Ziffernpaar und eine einzelne Ziffer teilen. Aus 150 wird zum Beispiel 15-0. Nach dem DOMINIC-System ist 15 gleich AE, während 0 im Zahlen-Gestalt-System einen Fußball darstellen könnte. Um sich die Zahl 150 einzuprägen, können wir uns Albert Einstein (AE) beim Fußball Spielen vorstellen. Oder prägen Sie sich ein, dass eine Freundin im Haus Nummer 125 wohnt? 12 ist im DOMINIC-System AB, also können Sie an Anne Boleyn denken. 5 könnte nach dem Zahlen-Gestalt-System ein Seepferdchen sein. Also können Sie sich Anne Boleyn mit großen, wie Seepferdchen geformten Ohrringen an der Tür Ihrer Freundin vorstellen.

Mind Maps

Mind Maps, das sind „Landkarten des Verstandes", wurden von Tony Buzan erfunden, der 80 Bestseller über Gehirn und Lernen verfasst und die Denksportolympiade mitbegründet hat. Mind Maps können als physische Darstellung der Informationen im Gedächtnis gesehen werden – so wie die Reisemethode deren mentale Repräsentanz darstellt. Sie sind hocheffektiv für das Aufzeichnen und Speichern von Daten, weil Sie Themen auf Kernpunkte reduzieren und grundlegendes Wissen überschaubar zusammenfassen. Was Sie dazu benötigen, ist ein Stück Papier und bunte Stifte.

Man kann sich eine Mind Map als Ansicht eines Baumes aus der Vogelperspektive vorstellen, wobei die Äste nur seitlich, nicht nach oben wachsen. Ein zentrales Bild gibt das Thema der Karte wieder. Davon ausgehend zieht man Linien, sogenannte „Äste", nach außen, wobei jeder Ast für ein Hauptkapitel steht, das am Ende des Astes durch eine einfache Skizze dargestellt wird. Idealerweise wird für jeden Ast eine andere Farbe verwendet. Die Hauptäste tragen wiederum „Unteräste", das sind Linien, die von den Ästen ausgehen. An diesen werden passende Stichworte notiert oder bildlich dargestellt. Sämtliche Linien eines Astes sollten in der gleichen Farbe ausgeführt werden, so dass zusammengehörige Informationen sofort als solche ersichtlich sind. Die Linien verzweigen sich weiter um zunehmend spezifischere Details zu kennzeichnen.

Um zum Beispiel eine Mind Map von diesem Buch anzulegen, nehmen Sie ein großes Stück Papier und beginnen mit dem zentralen Bild. Sie können einen Kopf zeichnen und „Gedächtnis" dazuschreiben. Jeder Ast sollte nur ein Stichwort als Be-

zeichnung tragen – etwa „Gehirn" oder „Geschichte" und eine eigene Farbe haben. Skizzieren Sie auch passende Symbole als Gedächtnisstützen. Zeichnen Sie Unteräste und benennen Sie diese – etwa „Geschichtenerzählen" und „Antike" für den Ast „Geschichte". Wenn Ihnen ein ergänzender Begriff einfällt, notieren Sie ihn und verbinden Sie ihn durch eine Linie mit dem zugehörigen Ast.

Einer der Vorteile von Mind Maps ist, dass sie ein kohärentes Abbild von Wissen liefern, das durch Gedanken und zufällige Informationen ergänzt wird und wächst. Wie komplex eine Mind Map auch sein mag, es wird für jedes neue Element, das Sie hinzufügen wollen, einen passenden Platz geben. Eine Mind Map, die auf diese Weise ausgebaut wird, unterstützt und reflektiert zugleich Ihr fortschreitendes Verständnis von einem Thema.

Mind Map®™ ist in USA und UK eingetragenes Warenzeichen von Tony Buzan.

GEDÄCHTNIS IM ALLTAG

Merktechniken für die Praxis

Den meisten Menschen fällt es nicht schwer, Gelegenheiten aufzuzählen, bei denen ein besseres Gedächtnis im Alltag nützlich wäre: den Namen zu einem Gesicht finden, sich sofort an die Telefonnummer eines Freundes erinnern, sich neue Informationen augenblicklich merken, einen geistigen Kalender für Geburtstage besitzen und stets das richtige Wort parat haben. Das alles kann jeder erreichen, der bereit ist, neue Zugänge zum Gedächtnis zu finden. In diesem Kapitel behandeln wir Techniken, die uns bei alltäglichen Aufgaben unterstützen und nützlich für Kartenspiele und Schach, aber auch für das Halten von Reden ohne Notizen sind. Wir sehen uns ganz einfach die Verwendung des Gedächtnisses im Alltag genauer an – und wir werden überrascht sein, wie groß das Potenzial für mentale Erfolgserlebnisse ist.

GEDÄCHTNIS IM ALLTAG

Namen und Gesichter

Die meisten Menschen erkennen ein Gesicht, das sie bereits gesehen haben. Schwierig ist nur sich an den zugehörigen Namen zu erinnern. Einer der erfreulichsten Vorteile eines besseren Gedächtnisses ist es, sich Namen sofort zu merken – und das auch, wenn das erste Treffen einige Jahre zurückliegt.

Der Trick besteht darin, Gesicht, Name und Ort in einer Assoziation zu verbinden. Wird Ihnen jemand vorgestellt, so studieren Sie sein Gesicht. Gibt es besondere Kennzeichen? Welche Züge würden Sie in einer Karikatur betonen? Sieht das Gesicht warm oder kalt aus? Glücklich oder traurig? Lebhaft oder müde? Natürlich entspricht es nicht der Ethik, aufgrund des Aussehens auf Wesenszüge zu schließen. Doch Studien haben gezeigt, dass Menschen sich besser an Namen erinnern konnten, wenn man sie vorher aufforderte, charakterliche Urteile aufgrund des Aussehens zu fällen. Schieben Sie, was Ihr Gedächtnis betrifft, die ethische Frage beiseite, doch lassen Sie diese Urteile nicht Ihre Meinung von Personen beeinflussen. Wie können Sie Merkmale von Personen in Beziehung zu deren Namen setzen? Nehmen wir an, Ihnen wird jemand namens Sylvia Nachtinger vorgestellt. Sie hat ein freundliches Gesicht, eine spitze Nase und eine helle Stimme. Sie könnten sich einen silbernen Vogel vorstellen, der fröhlich ein Lied trällert. "Silber" erinnert an Sylvia und die "Nachtigall" ist berühmt für ihre Stimme. Die spitze Nase bestärkt den vogelhaften Eindruck. Verdichten Sie das Bild: Visualisieren Sie den Vogel in einem Nest in ihren Haaren. Wenn Sie sich an den Namen erinnern wollen, wird sich das Bild des im Haar nistenden Vogels einstellen und die Assoziationskette auslösen.

Mystischerweise gibt es in unserem Gesicht bestimmte Züge, die das Motto unserer Seele bergen, wodurch einer, dem das ABC kein Begriff ist, unsere Natur erkennen kann.

Sir Thomas
Browne
1642

NAMEN UND GESICHTER

Was sagt ein Name aus?

ÜBUNG VIERZEHN

Diese Übung trainiert das Formen von Bildern und Assoziationen, die das Einprägen und Erinnern von Namen erleichtern. Um das erste Kennenlernen zu simulieren, machen Sie die Übung am besten mit einem Freund.

1. Schneiden Sie aus Zeitungen und Zeitschriften je zehn Bilder von unbekannten Gesichtern aus. Wenn es keine Bildunterschriften gibt, erfinden Sie Namen und schreiben Sie diese auf die Rückseite der Fotos. Bitten Sie Ihren Freund dasselbe zu tun.

2. Tauschen Sie Ihre Bilder gegen jene, die Ihr Freund ausgeschnitten und beschriftet hat. Legen Sie sie auf und studieren Sie die Gesichter, ohne die Namen zu lesen. Arbeiten Sie Ihren ersten Eindruck aus: Was könnte die Person von Beruf sein? Wo könnte sie leben? Ist das Gesicht freundlich, ernst, alt, jovial, ängstlich, boshaft und so weiter?

3. Lassen Sie dann Ihre Fantasie Assoziationen zwischen Gesichtern und Namen herstellen. Begrenzen Sie die Zeit dafür auf unter eine Minute pro Gesicht.

4. Legen Sie die Bilder beiseite und warten Sie mindestens 15 Minuten. Testen Sie Ihren Freund, indem Sie ihm die Fotos zeigen und die Namen verdecken. Bitten Sie Ihren Freund, Sie zu testen. Wie viele Namen haben Sie korrekt behalten?

Verabredungen einhalten

Stellen Sie sich vor, Sie könnten sich darauf verlassen, dass Sie sich Monat für Monat an alle wichtigen Geburtstage und Jubiläen erinnern, und Sie würden rechtzeitig daran denken, wenn sich der Tag nähert, oder Sie könnten sich Ihre Geschäftstermine einprägen. Stellen Sie sich zusätzlich vor, Sie könnten das bewerkstelligen ohne Papier, Kalender oder eine Person, die Sie daran erinnert. Sie könnten sofort antworten, wenn jemand sich für nächste Woche mit Ihnen verabreden möchte. Ihr Partner würde sich geschätzt fühlen, weil man Sie nie an Jahrestage erinnern müsste. Ihre Kunden wären von Ihrem mentalen Terminkalender beeindruckt.

Mit der Reisemethode können Sie einen Monatsplan konstruieren, der Ihnen hilft, sich wichtige Termine zu merken. Die Grundidee besteht darin, jedes Ereignis an einem von 31 Schauplätzen einer vorher gewählten Reiseroute zu verorten (siehe Übung rechts) – wobei jeder Schauplatz einen Tag des Monats repräsentiert. Natürlich gibt es Tage, die mehr als eine Information enthalten müssen, etwa zwei Besprechungen an einem Nachmittag oder Tage, an denen zwei Freunde Geburtstag feiern. Dann müssen Sie Ihre Fantasie benützen. Sie könnten sich eine Besprechung zu einem surrealen, hybriden Thema vorstellen – wenn es bei einem Treffen um Geld geht, beim anderen um Qualitätskontrolle, könnten Sie einen beschädigten Geldschein visualisieren. Oder Sie stellen sich die beiden Freunde miteinander vor: Wie würden sie sich verstehen? Wie alle komplexeren Gedächtnissysteme funktioniert auch dieses am besten, wenn Sie es nach Ihren Bedürfnissen adaptieren.

Das Gedächtnis ist das Tagebuch, das wir alle bei uns tragen.

Oscar Wilde
1895

Ein mentales Tagebuch führen

ÜBUNG FÜNFZEHN

Diese Übung hilft Ihnen, Ihren Monatsplan zu konstruieren.

1. Wählen Sie eine Reise mit 31 Schauplätzen – jeder repräsentiert einen Tag des Monats (es macht nichts, dass einige Monate kürzer sind). Starten Sie an einem hohen Punkt, etwa auf einem Berg, von dem aus Sie die Route und damit den Monat überblicken können.

2. Verstärken Sie die Monatsmitte, indem Sie dem 15. Schauplatz ein spezielles oder interaktives Attribut zuordnen – vielleicht müssen Sie an diesem Schauplatz eine Leiter erklettern oder über einen Fluss springen. Dadurch können Sie Ihre aktuelle Position im Verhältnis zum Rest des Monats leichter markieren.

3. Erschaffen Sie für jeden Termin ein Symbol – für den Hochzeitstag vielleicht Ihren Partner, der einen übergroßen Ehering als Hula-Hoop-Reifen benutzt. Platzieren Sie jedes Symbol am entsprechenden Schauplatz. Versuchen Sie, die Symbole mit den Plätzen interagieren zu lassen. Wenn Sie am 4. Ihren Chef treffen und der vierte Schauplatz ein Kirchturm ist, könnte sich Ihr Chef am Glockenseil schwingen. Stellen Sie sich am Monatsende vor, die Schauplätze zu reinigen, und positionieren Sie die Termine des nächsten Monats.

Das richtige Wort finden

Das internationale Netzwerk von Lesern im Oxford World Reading Programme sammelt etwa 18 000 neue Wörter und Redewendungen pro Monat. Rechnen Sie die bestehenden Wörter und Idiome hinzu: Es ist also kein Wunder, dass wir uns manchmal unfähig fühlen, etwas mit den richtigen Worten zu beschreiben!

Es gibt diverse Techniken, um sich ein Wort ins Bewusstsein zu rufen. Eine der Einfachsten besteht darin, das Alphabet durchzuprobieren, bis man das Gefühl hat, den richtigen Anfangsbuchstaben gefunden zu haben. Lassen Sie ihn auf Ihrer Zunge rollen, sprechen Sie ihn laut aus und warten Sie, ob sich das Wort von selbst einstellt. Wenn das nicht der Fall ist und das Wort mit einem Konsonanten beginnt, versuchen Sie, jeden Vokal dahinter zu setzen, um das Wort hervorzulocken. Wenn es mit einem Vokal beginnt, ist das Experimentieren mit Konsonanten natürlich etwas mühsamer.

Eine weitere Möglichkeit ist, verschiedene Sätze laut auszusprechen, bei denen Sie die gewünschte Bedeutung ausdrücken müssen. Vertrauen Sie beim Beginnen jedes Satzes darauf, dass sich Ihre begrabene Kenntnis von dem Wort spontan enthüllen wird.

Beim Einprägen von Worten ist es hilfreich, wenn wir die Etymologie oder Ableitung kennen – die Sinneinheiten (oft aus dem Griechischen oder Lateinischen), auf denen historische Wörter aufbauen. Auch eine eigene erfundene Etymologie kann nützlich sein. Eine zentrale Silbe führt oft zum ganzen Wort. Wenn wir uns etwa das Wort „amortisieren" (abdecken von Investitionskosten) einprägen wollen, könnten wir an das französische *mort* („Tod") denken: „ermordete, eliminierte Kosten".

DAS RICHTIGE WORT FINDEN

Kreuzworträtsel

ÜBUNG SECHZEHN

Ein Kreuzworträtsel kann frustrierend sein, wenn einem die letzten Lösungswörter nicht einfallen. Versuchen Sie die Lücken mit Hilfe der folgenden Techniken zu füllen, ohne dafür ein Nachschlagewerk zu benützen.

1. Wenn Sie bereits einige Buchstaben des Wortes haben, schreiben Sie diese in der richtigen Reihenfolge auf ein weißes Blatt Papier und lassen Sie Abstände für die gesuchten Buchstaben. Machen Sie aber keine Striche dafür. Betrachten Sie das Teilwort. Starren Sie nicht, sondern versuchen Sie „hindurchzusehen". Wenn Sie Ihren Blick wieder scharf stellen, behalten Sie die Bruchstücke im Geiste vor Augen: Taucht das ganze Wort auf?

2. Sie können auch versuchen das Wort mit Umgebung zu versehen. Denken Sie an die Fragestellung: Haben Sie bereits mit jemandem darüber diskutiert? Wenn die Frage zum Beispiel lautet: „Stock beim Staffellauf (4)", denken Sie an eine Unterhaltung über die Olympischen Spiele. Wer war dabei? Wo waren Sie? Vielleicht stellt sich das gesuchte Wort (hier: „Stab") ein, wenn Sie über dieses Thema nachdenken.

3. Vielleicht geht Ihre Lösungssuche von falschen Annahmen aus. Die Silbe „Re?e" könnte noch einen Vokal enthalten („Reue") anstelle eines Konsonanten („Rebe", „Rede", „rege" etc). Probieren Sie andere Strukturen aus, um das gesuchte Wort zu finden.

Eine Rede halten

Ich konnte niemals eine gute Stegreifrede halten, ohne mich stundenlang darauf vorzubereiten.

Mark Twain
1879

Eine Rede zu halten, kann die Besten unter uns in Angst versetzen. Sogar Schauspieler, Kabarettisten, Anwälte, Priester, Politiker und viele andere, die regelmäßig öffentlich sprechen, geben zu, dass sie vor einem Auftritt nervös werden. Wenn wir jedoch auf unser Gedächtnis vertrauen, die Rede gut strukturieren und ein System entwickeln, das uns von Beginn an zu den richtigen Stichworten führt, gehören Redehemmungen der Vergangenheit an.

Richtig angewendet ist die Reisemethode (siehe Seite 102 – 107) eine der besten Hilfestellungen, um sich eine Rede einzuprägen. Zunächst bietet sie einen vorbestimmten „ersten Gedanken": der Ausgangspunkt der Reise, was die Anspannung einleitende Worte zu finden verringert. Doch wichtiger noch: Sie schafft ein logisches visuelles System, an dem wir die Hauptstichworte der Rede verankern können.

Wenn Sie im Halten von Reden nicht geübt sind, nehmen Sie sich Zeit, um den Inhalt festzulegen und ihn logisch, strukturiert und fantasievoll aufzubereiten. So wird er auch für Sie selbst einprägsamer. Legen Sie eine Mind Map an, um die wichtigsten Punkte herauszuarbeiten. Schreiben Sie zu jedem dieser Punkte einen Absatz mit logisch nachvollziehbarer Struktur. Vielleicht bitten Sie einen Freund, Ihre Notizen durchzulesen und zu kritisieren. Lesen Sie die fertige Rede mindestens zweimal durch, damit Sie vollständig mit ihr vertraut sind.

Entscheiden Sie, welche Route als Rahmen für Ihre Rede fungieren soll. Sie könnten eine Reise nehmen, die mit dem Anlass zusammenhängt, zu dem Sie sprechen sollen. Wenn Sie Trauzeuge sind, können Sie den Weg von Ihrem Haus zu dem Ihres Freundes wählen oder eine Reise, die Sie zusammen gemacht haben. Gehen Sie die Route mehrmals mental ab und legen Sie Schauplätze für die Stichworte fest.

Nehmen Sie nun die vorher angelegte Mind Map zur Hand. Visualisieren Sie jedes Hauptthema als hochkreatives Bild. Wenn Sie als Trauzeuge damit einleiten wollen, dass Braut und Bräutigam sich beim Fischen kennenlernten, können Sie sich zwei tanzende Fische in Hochzeitskleidung vorstellen. Setzen Sie Ihre Sinne ein. Wie riechen die beiden? Welche Geräusche machen die Flossen beim Tanzen?

Wenn Sie alle Visualisierungen fertig haben, gehen Sie Ihre Route mental ab und platzieren Sie die Bilder in der richtigen Reihenfolge an den festgelegten Schauplätzen. Lassen Sie Bilder und Orte interagieren. Wenn der erste Schauplatz zum Beispiel Ihre Eingangstüre ist, müssen Sie sich an den tanzenden Fischen vorbeidrängen. Stellen Sie sich vor, wie Sie auf Ihrem Weg die Worte der Rede rezitieren.

Spielen Sie die Reise auf diese Art mindestens fünfmal durch: eine Stunde nach dem Entwurf, am nächsten Tag, dann in regelmäßigen Abständen bis zum großen Tag. Der Fünferregel zufolge, nach der etwas nach fünf Wiederholungen permanent im Gedächtnis bleibt, sollte die Rede dann unvergesslich sein und mit ihr die Auslöser, die Sie beim Sprechen brilliant und sicher machen. Sollten Sie immer noch ängstlich sein, wenn Sie aufstehen und mit Ihrer Rede beginnen, nehmen Sie einen tiefen Atemzug. Schließen Sie die Augen und sehen Sie sich selbst am Ausgangspunkt Ihrer Reise. Machen Sie den ersten mentalen Schritt, öffnen Sie die Augen und beginnen Sie zu sprechen. Der Rest wird sich von selbst ergeben.

Gedächtnis und Spiele

Jedem Feld auf dem Schachbrett sind eine Zahl und ein Buchstabe zugeordnet. Die Zahlen von eins bis acht verlaufen seitlich, die Buchstaben von a bis h von links nach rechts. Weiß beginnt sein Spiel in Reihe eins und zwei, Schwarz in sieben und acht. Sämtliche Figuren außer den Bauern tragen Buchstaben: Königin Q, König K, Springer S, Turm T, Läufer L.

Beim DOMINIC-System (siehe Seite 108) lernten wir, jeder Zahl einen Buchstaben zuzuordnen (1 A, 2 B und so weiter). Die Definition der Felder durch Zahlen und Buchstaben kann man auf einfache Weise in Initialen umwandeln und mit Personen assoziieren. Vielleicht zieht Weiß seinen Springer nach c3 (Sc3). c3 ist im DOMINIC-System CC wie Charlie Chaplin, also Springer nach Charlie Chaplin.

Wie man sich das merken kann? Im Moment noch gar nicht. Jede Schachfigur braucht einen Charakter. Wählen Sie Personen aus, die zu den Figuren passen. Die Königin ist vielleicht Elizabeth II., der Springer Sir Lancelot von der Tafelrunde etc. Sie benötigen nur eine Person für jede Art von Figur. Sie müssen nur ein System entwickeln, wie Sie sich einprägen, welcher Ihrer Springer auf ein Feld zieht, das beide erreichen können, das gilt auch für die Türme. Die Bauern benötigen keine Person – Sie erkennen Bauernzüge daran, dass Sie nur die Person des Feldes beinhalten.

Im vorigen Beispiel zieht Lancelot (Springer) zu Charlie Chaplin (Feld c3). Um sich die Abfolge der Züge zu merken, muss man Sie an einer Route platzieren. Wenn Weiß mit Sc3 eröffnet, kombinieren wir beide Personen in einem Bild: Lancelot verwendet einen Gegenstand von Charlie Chaplin: Er jongliert dessen Spazierstock. Dann platzieren wir das Bild an einem Schauplatz der Route. Der schwarze Gegenzug (an Schauplatz zwei) könnte Sf6 lauten – Lancelot singt wie Frank Sinatra (im DOMINIC-System ist 6 ein „s"). Mit einer zwölfteiligen Route kann man sich eine Eröffnung merken, mit einer 60-stufigen vielleicht ein ganzes Spiel!

Eine der effektivsten Verwendungsmöglichkeiten für Merktechniken sind Kartenspiele. Im Kasten unten finden Sie eine Methode für Black Jack. Doch Vorsicht: Kein System ist unfehlbar!

Sich einen zufällig gemischten Satz Spielkarten einzuprägen, ist ein gutes Gedächtnistraining. "Speed Cards", sich einen Kartensatz gegen die Uhr einzuprägen, ist mein Favorit bei Gedächtnisweltmeisterschaften. Anschließend finden Sie die Technik, die ich verwende.

Das Blatt wenden

Über das Kartenzählen könnte man ein ganzes Buch schreiben. Hier gebe ich meine Technik in Kurzform wieder. Bei Black Jack ist die Chance auf gute Karten umso besser, je größer die Konzentration von hohen Karten in der Bank ist. Um mir zu merken, welche Karten bereits gespielt sind, gebe ich jeder Karte einen numerischen Wert: die Karten zwei bis sechs zählen 1, sieben bis neun 0, Zehner, Ass und Bildkarten -1. Ich bilde laufend eine Summe über die gespielten Karten. Ist die Summe höher als +1, so sind noch viele hohe Karten in der Bank und ich erhöhe meinen Einsatz (und umgekehrt).

Diese Technik eignet sich gut für einen Kartensatz, doch Casinos verwenden vier bis acht Kartensätze auf einmal, so dass man eigentlich die laufende Summe durch die Anzahl der Sätze teilen muss.

Zuerst müssen wir die drei Schlüssel zum Gedächtnis – Fantasie, Assoziation und Verortung – in Form der Reisemethode anwenden. Eine vertraute Route mit 52 Schauplätzen liefert ein mentales Videoband, auf das wir die zufällige Reihenfolge der Karten aufnehmen können. Der Weg sollte uns gut vertraut sein. Bevor Sie das Kartenspiel zur Hand nehmen, denken Sie Ihre Route sorgfältig durch und etablieren Sie die 52 Schauplätze sehr präzise. Gehen Sie sie wieder und wieder durch, bis sie in Ihrem Gedächtnis fixiert sind.

Nehmen Sie dann einen Kartensatz zur Hand. Wenn Sie sich diese Karten in beliebiger Reihenfolge merken wollen, muss jede einen einzigartigen und dauerhaften Code haben. Verwandeln Sie dafür die Spielkarten in Personen – Personen können mit Schauplätzen interagieren, sie sind also sehr einprägsam. Vielleicht erinnern Sie die Gesichter der Bildkarten an Personen, die Sie kennen. Wenn Ihnen kein vertrautes Gesicht einfällt, nehmen Sie die Charakteristika berühmter Persönlichkeiten.

Machen Sie dann die anderen Karten zu Personen. Das ist schwieriger, doch wenn Sie diesen Schritt bewältigt haben, wird das Einprägen des Kartensatzes zum Kinderspiel. Wählen Sie für jede Farbe einen Buchstaben: H für Herz, P für Pik, K für Karo und R für Kreuz. Geben Sie mittels des DOMINIC-Systems jeder Zahl von 1 bis 10 einen Buchstaben. Wenn Sie die Zuordnungen getroffen haben, besitzt jede Karte einen zweistelligen Code: die Karofünf wäre EK, die Herzdrei CH etc. Diese Buchstaben stellen die Initialen von Personen dar. EK könnten die Initialen eines Freundes sein, während CH für Charlton Heston stehen könnte. Sie müssen sich nicht unbedingt strikt an das DOMINIC-System halten: Wenn das Herzass für Sie als ein bestimmter Freund einprägsamer ist, belassen Sie es doch dabei! Setzen Sie Ihre Fantasie ein und schaffen Sie Visualisierungen, die starke subjektive Reaktionen auslösen.

Zufällige Kartenfolgen einprägen

ÜBUNG SIEBZEHN

Prägen Sie sich mit dem beschriebenen System aus Buchstaben und Zahlen einen zufällig gemischten Kartensatz ein. Testen Sie Ihre Genauigkeit.

1. Schreiten Sie Ihre 52-stufige Route nochmals geistig ab, um sicher zu sein, dass Sie sie gut fixiert haben. Gehen Sie dann einen Satz Spielkarten durch, ohne zu versuchen, sich die Reihenfolge zu merken. Erinnern Sie sich nur an die zugehörigen Personen.

2. Mischen Sie die Karten. Atmen Sie tief durch, konzentrieren Sie sich und drehen Sie die erste Karte um. Stellen Sie sich die durch die Karte repräsentierte Person vor. Lassen Sie sie agieren oder geben Sie ihr einen Gegenstand (Charlton Heston bleckt seine Zähne).

3. Legen Sie langsam eine Karte auf die andere und platzieren Sie dabei die „Personen" entlang Ihrer Route. Nehmen Sie sich Zeit. Wenn Sie durch sind, wiederholen Sie Ihre mentale Reise und notieren Sie alle Personen, die Sie sich gemerkt haben. Übersetzen Sie diese zurück in Karten und vergleichen Sie sie mit dem Kartensatz. Ärgern Sie sich nicht über Fehler – Übung macht den Meister! Stoppen Sie beim nächsten Mal die Zeit.

Gedächtnis in der Schule

Nur sehr wenige Schulen lehren, wie man richtig lernt – auch wenn es Schülern und Lehrern das Leben enorm erleichtern würde. Deshalb hielt ich es für wichtig, einige Absätze in diesem Buch den Merktechniken für effektives Lernen zu widmen.

Die Grundprinzipien des Gedächtnisses können auf alle Arten von Lehr- und Lernstoff angewendet werden, egal in welchem Alter. Wenn Sie sich einmal mittels Gedächtniskette (siehe Seite 97), Reisemethode (Seite 102 – 107) oder einer anderen Technik eine Liste von zehn oder 20 unzusammenhängenden Wörtern eingeprägt haben, werden Sie diese Techniken auf viele Themen anwenden können.

Wie können Sie mittels Fantasie und Assoziation Verbindungen schaffen, die Ihnen helfen, sich die Hauptstädte der Bundesstaaten der USA zu merken? Die Hauptstadt von Texas ist Austin, also visualisieren Sie zum Beispiel einen Ölmagnaten, der mit einem breitkrempigem Cowboyhut in einer *Auster* liegt – das verknüpfen sie mit Texas, das berühmt für seine Ölvorkommen ist.

Ebenso helfen uns sprachliche Gedächtnisstützen dabei, uns an jede Zahl von Fakten und Daten zu erinnern, auch an historische Ereignisse: etwa wann Alexander der Große die Schlacht bei Issos schlug: „Drei-Drei-Drei, bei Issos Keilerei". Sie sind auch bei Wissenschaften wie Biologie und Chemie nützlich. Zum Beispiel heißen die drei Enzyme im Körper, die Stärke und Glykogen in Zucker umwandeln, Amylase, Tripase und Lipase. Welches Mnemonikum könnte Sie an diese Namen erinnern? Vielleicht denken Sie an Ihre Freundin Amalie, die sehr schnell spricht: „*Ama*lie *trip*pelt mit den *Lip*pen."

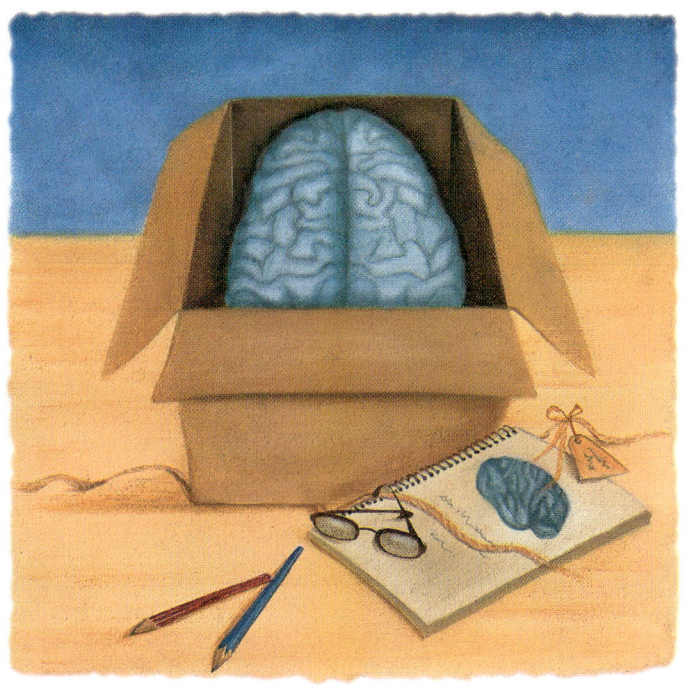

Verwenden Sie das Zahlen-Gestalt-System (siehe Seite 110 f.), wenn Sie sich Tabellen oder die Atomanzahl der chemischen Elemente einprägen müssen. Kohlenstoff hat zum Beispiel sechs Atome. Also können wir einen Elefantenrüssel (für die Zahl Sechs) visualisieren, der die Kohlen auf dem Feuer schürt, oder einen Elefanten, der mit einem Graphitstift („Blei"stift) im Rüssel seine Chemiearbeit schreibt (Kohle und Graphit bestehen aus Kohlenstoff).

Merktechniken überwinden auch Sprachgrenzen, also können wir uns damit auch Fremdsprachen einprägen. Wenn wir uns zum Beispiel das italienische Wort für Briefmarke, *francobollo*, merken möchten, können wir eine Minigeschichte kreieren, in der wir erstaunt sind, dass *Frank* ein *Boll*werk aus Briefmarken errichtet!

Lesen und Behalten

Der Vorteil des Lernens aus Büchern, Magazinen und Berichten besteht darin, dass wir in unserem eigenen Tempo lernen können. Wir allein können entscheiden, in welcher Zeit wir unserem Gehirn wieviel Material präsentieren. Wir können selektieren und Informationen ignorieren, die wir für nutzlos halten. Doch bei einer Präsentation durch eine Person bekommen wir weitere Eindrücke – Lebendigkeit, Betonung und visuelle Aspekte. Lernen durch Lesen ist anstrengend, weil uns nur die Worte selbst stimulieren.

Deshalb ist intrinsisches Interesse so wichtig. Was können wir also tun, damit wir sichergehen können, dass wir das, was wir uns beim Lesen einprägen wollen, auch behalten?

Manchmal gibt es Illustrationen, wenn aber visuelle Stimulantien völlig fehlen, müssen wir uns mit unserer Fantasie behelfen, um Anregungen zu erzeugen. Doch bevor Sie sich dieser Herausforderung stellen, sollten Sie das *Lesen planen*. Bewerten Sie das Material, damit Sie keine Zeit mit überflüssigen Daten oder Informationen verschwenden. Wenn Sie sich verpflichtet fühlen, etwas vom Anfang bis zum Schluss zu lesen, führt das nur dazu, dass die vor Ihnen liegenden Seiten Sie belasten und Sie nur noch Seiten „abdienen", anstatt auf den Inhalt zu achten. Lesen Sie aktiv statt passiv: *hinterfragen Sie die Logik* hinter jedem Satz. Wenn Sie beim Lesen eine aktive Rolle spielen, wird sich Ihr Verständnis und damit Ihr Merkvermögen deutlich steigern. *Animieren und wiederholen* Sie die Information zum Abschluss, indem Sie eine Mind Map (siehe Seite 112 – 13) anlegen oder eine Liste mit den wichtigsten Themen, Namen und Stichworten schreiben.

LESEN UND BEHALTEN

Bewerten, Aneignen, Erinnern

ÜBUNG ACHTZEHN

Informationen beim Lesen zu behalten, erfordert eine umfassende Strategie, insbesondere wenn es sich um weniger interessante Themen handelt.

1. Erstellen Sie eine Liste mit drei bis fünf Fragen, deren Antworten Sie im Text erwarten. Das gibt Ihnen beim Lesen klare Ziele. Wenn Sie etwa über den amerikanischen Unabhängigkeitskrieg lesen, können Sie fragen: Wann fand er statt? Wie begann er? Wer war daran beteiligt? Wie wurde der Konflikt beendet?

2. Durchsuchen Sie den Inhalt des Buches nach Hinweisen darauf, wo wichtige Informationen stehen. Gehen Sie das Register durch und notieren Sie Verweise auf Themen, die Sie für Ihre Antworten benötigen. Konzentrieren Sie sich nur auf die angegebenen Seiten.

3. Meist enthält jeder Abschnitt einen Einleitung, die die zentralen Punkte zusammenfasst. Widmen Sie dieser besondere Aufmerksamkeit, ebenso wichtigen Namen, Begriffen, Daten und Formeln. Verfolgen Sie die Argumentation. Können Sie sie wiedergeben?

4. Zeichnen Sie in einer Mind Map Linien für jedes Thema und davon ausgehend wieder Linien für Subthemen, bis Sie eine Unterlage zum raschen Nachschlagen haben.

Schnelllesen

Schnelllesen heißt nicht nur, die Augen rasch über eine Seite zu bewegen, sondern auch die Informationen rasch zu speichern – in gewissem Sinne ist es auch „Schnelleinprägen". Manche Menschen glauben, dass langsames Lesen und die Beschäftigung mit der Sprache und mit deren Bedeutung uns unnötig ablenken. Zudem stören Unterbrechungen unsere Konzentration und lassen die Gedanken abschweifen. Wir müssen ignorieren, dass die Sprache eine Passage in komplexe zusammenhängende Absätze kleidet, und stattdessen ausschließlich die Schlüsselworte für die zugrunde liegenden Inhalte fokussieren. Der Rhythmus des Schnelllesens unterstützt Konzentration und Verständnis.

Die meisten von uns können ihre Lesegeschwindigkeit mit geringem Aufwand von 200 auf 600 Worte pro Minute steigern. Dafür müssen Sie zunächst sicherstellen, dass Sie ungestört lesen können. Versuchen Sie, sich bei keiner Passage ablenken zu lassen. Verwenden Sie einen Stift als Zeiger, damit Ihre Augen eine gleichförmige Bahn über die Worte ziehen und rasch von einer Zeile zur nächsten wechseln. Strecken Sie zum Testen, ob sich Ihre Augen korrekt bewegen, Ihren Finger aus und verwenden Sie ihn als Zeiger, während Sie sich im Zimmer umsehen. Tun Sie nun dasselbe ohne Finger und Sie werden die ruckartigeren Bewegungen sofort bemerken.

Legen Sie den Zeiger knapp unterhalb der ersten Textzeile auf das Papier und bewegen Sie ihn von links nach rechts, so dass Ihre Augen ihm ohne Rucken entlang des Textes folgen können. Lassen Sie ihn mit gleichmäßiger Geschwindigkeit gleiten. Bewegen Sie den Zeiger allmählich immer schneller.

Langsames und sorgfältiges Lesen bedeutet nicht besseres Verstehen, sondern Tagträumen.

Sean Adam
Weltmeister im Schnelllesen

Das Verständnis überprüfen

ÜBUNG NEUNZEHN

Wir können sicherstellen, dass wir beim Schnelllesen die Wörter vollständig fokussieren, indem wir unser Textverständnis testen.

1. Bestimmen Sie Ihre derzeitige Lesegeschwindigkeit. Stoppen Sie die Zeit, während Sie das Kapitel „Linke und rechte Gehirnhälfte" auf Seite 30 - 31 normal lesen. Dividieren Sie die Anzahl der Wörter (465) durch die benötigte Zeit (auf volle Minuten runden).

2. Beantworten Sie folgende Fragen zur Überprüfung Ihres Verständnisses: Wie heißt das Netzwerk aus Fasern zwischen den Gehirnhälften? Welche Hälfte des Gehirns verarbeitet parallel? Wo wird die Fähigkeit ein Instrument zu spielen, gespeichert?

3. Verwenden Sie nun die Schnelllesemethode für „Theorien des Vergessens" (Seite 52 - 53). Es enthält 345 Wörter. Stoppen Sie die Zeit und errechnen Sie Ihren Schnitt.

4. Testen Sie Ihr Verständnis: Was ist proaktive Inhibition? Warum scheint retroaktive Inhibition hartnäckiger? Was ist „Spurenzerfall"? Ihr Verständnis sollte mindestens so gut wie beim normalen Lesen sein, wenn nicht sogar besser. Üben Sie weiter und bitten Sie einen Freund, Ihnen Fragen über andere Abschnitte zu stellen.

Das Gedächtnis überlisten

Das „Auf-der-Zunge-Liegen" ist ein verbreitetes Phänomen. Wir sind sicher, dass wir etwas wissen – einen Namen, einen Ort, ein Zitat, einen Begriff – und doch können wir es nicht benennen. Minuten oder Stunden später taucht die Antwort plötzlich aus dem Nichts auf. Wenn man diesen Effekt doch steuern und die verborgenen Erinnerungen hervorlocken könnte – wir würden uns einigen Ärger ersparen!

Es gibt mehrere Möglichkeiten, Erinnerungen ans Licht zu befördern, obwohl keine davon garantiert funktioniert. Teilweise besteht das Geheimnis darin, nicht zu angestrengt zu versuchen, die Lösung zu finden. Oft verhindert gerade das ein Auffinden, als ob die Erinnerungen schüchtern wären und sich fürchten würden. Statt mit Zwang, sollten Sie es mit List versuchen. Um eine ängstliche Katze anzulocken, muss man sie ignorieren. Behandeln Sie Erinnerungen genauso und lenken Sie sich ab – tun Sie für einige Zeit etwas anderes, machen Sie sich Tee oder lesen Sie die Zeitung.

Sie können es auch mit Gedächtnisschablonen versuchen. Das sind „ausgereifte Vermutungen", mit denen Sie versuchen, eine Reaktion der verlorenen Erinnerung auszulösen. Ihre Chancen, etwa einen Namen zufällig zu erwischen, sind denkbar gering. Dennoch könnte sich das Gefühl einstellen, dass sie teilweise richtig liegen. Ahnen Sie vielleicht die richtige Silbenanzahl? Beginnt die Schablone mit dem richtigen Buchstaben? Hat sie das richtige „Flair"? Wenn Sie eine teilweise Übereinstimmung spüren, lassen Sie sie ohne Zwang auf Ihr Gedächtnis einwirken. Warten Sie ab, ob die Assoziation stark genug ist, um die gesuchte Erinnerung ins Bewusstsein zu rufen.

Den Meeresboden des Gedächtnisses säubern

ÜBUNG ZWANZIG

Es gibt verschiedene Wege, eine widerspenstige Erinnerung aus ihrem Versteck zu locken. Diese Übung basiert auf der Annahme, dass die schwer fassbare Erinnerung sich einstellt, wenn wir unseren Geist ordnen.

1. Suchen Sie für diese Übung einen ruhigen, stillen Ort auf – vielleicht den Garten oder das Schlafzimmer. Machen Sie es sich bequem, atmen Sie langsam, entspannen Sie sich.

2. Versuchen Sie, das Objekt Ihrer Suche nicht als Problem zu betrachten, sondern als Ziel – denken Sie daran, dass Sie es umso weiter wegschieben, je hartnäckiger Sie danach suchen. Vertrauen Sie darauf, dass die Antwort zu Ihnen kommen wird.

3. Schließen Sie die Augen. Stellen Sie sich vor, wie Ihre Gedanken aus der Tiefe emporsteigen und auf den Wellen davonsegeln, einer nach dem anderen. Beobachten Sie, wie sie hinter dem Horizont verschwinden – wenn Sie wollen, können Sie sie später einholen.

4. Jetzt, wo Ihr Geist gereinigt ist, hat die Erinnerung die Möglichkeit aufzutauchen. Versuchen Sie nicht, sie ins Bewusstsein zu bringen. Verbleiben Sie einfach in Ihrer friedlichen Umgebung. Mit etwas Glück wird sich als nächstes die gesuchte Erinnerung einstellen.

DER GEDÄCHTNISPALAST

Erfüllung durch Erinnern

Ein besseres Gedächtnis kann das Leben in vielerlei Hinsicht bereichern. Sogar die kleinen Annehmlichkeiten eines guten Erinnerungsvermögens – sich eine Telefonnummer zu merken oder an einen Geburtstag zu denken – können das Selbstvertrauen stärken. Wenn wir unser Gedächtnis durch Training effizienter machen, fördern wir auch die Konzentration und fokussieren die Dinge, die wirklich wichtig sind – Informationen über unsere Familie und Freunde und über bedeutende Ereignisse. Wir können besser arbeiten und lernen, aber auch im Privatleben glücklicher sein. Es gelingt uns, Details über unsere Vergangenheit herauszufinden und so den Weg besser zu verstehen, der uns bis hierher geführt hat. Wir lernen unser komplexes Selbst besser kennen, das reich an Erfahrungen ist und doch vollständig im Jetzt lebt. Diese Aspekte werden in diesem Kapitel betrachtet. Es enthält auch eine Nachbemerkung zur Zukunft des Gedächtnistrainings angesichts der neuesten Forschung, in die ich die Ehre habe eingebunden zu sein.

Liebe zum Detail

Neben der Reisemethode gibt noch andere anspruchsvolle Methoden des Einprägens, die nicht nur das Gedächtnis, sondern auch die Konzentrationsfähigkeit trainieren. Wenn ich mit 20 Mitbewerbern in einer öffentlichen Halle sitze und versuche, mir die Reihenfolge von 20 zufällig gemischten Kartensätzen zu merken, das sind 1040 Daten, habe ich keine Zeit zu überlegen, ob ich einen Brief abschicken soll. Die Konzentration muss umfassend sein, sonst wird ein Teil der Gehirnkapazität verschwendet.

Konzentrationstraining schärft die Aufmerksamkeit gegenüber der Welt um uns herum und bereichert unsere Erfahrung. Stellen Sie sich vor, Sie gehen alleine wandern. Sie können mit Ihren Problemen so beschäftigt sein, dass Sie während der ganzen Wanderung in Ihrer inneren Welt gefangen sind. Oder Sie sind hin- und hergerissen zwischen Ihren Gedanken und den Eindrücken, die von außen auf Sie einströmen. Oder aber Sie sind völlig offen für das, was Ihre Sinne Ihnen mitteilen, und entdecken den Specht, dessen Klopfen Sie hören, und finden eine blühende Orchidee. Man muss sehr naturverbunden sein, um überhaupt nicht an zu Hause oder die Arbeit zu denken. Doch ich wollte zeigen, dass es sich lohnt, sich auf die äußere Welt zu konzentrieren – man genießt sinnliche Eindrücke und bekommt mehr Distanz zu persönlichen Problemen.

Liebe zum Detail wirkt sich auch positiv auf unsere Beziehungen aus. Mit Partner, Familie und Freunden stehen wir in einem multiplen Datenverkehr. Eine nette Bemerkung, die wir überhören, macht uns ärmer. Wenn wir uns an den Namen einer Person erinnern, freut sie das. Denken Sie nur, wieviel Bewunderung

LIEBE ZUM DETAIL

Sie ernten, wenn Sie sich auf eine Unterhaltung beziehen, die Sie mit dieser Person vor drei Monaten führten. Details und Veränderungen im Leben Ihres Partners zu registrieren, stärkt Ihre Bindung, ebenso wie mangelndes Interesse häufig der Auslöser für Streit ist.

Sogar die Verrichtungen im Haushalt werden weniger belastend, wenn man Sie konzentriert angeht. Gedächtnistraining macht uns den Wert des Augenblicks bewusst. Die buddhistische Philosophie lehrt das „Achtsam-Sein" – eine Meditation, bei der man den Geist anhand eines Objekts oder einer Aufgabe zentriert. Dadurch lernt man, das Objekt oder eben die Aufgabe zu schätzen. Wir erkennen die Schönheit eines Reiskorns oder den Wert einer alltäglichen Tätigkeit wie Geschirrspülen. Dabei entspannen wir uns und befreien den Geist von verwirrenden Gedanken.

Gedächtnismassage

Unser ganzes Leben hindurch drängt man uns, in der Gegenwart zu leben oder für die Zukunft zu planen. Doch uns von der Vergangenheit abzuschneiden heißt, einen Teil von uns selbst auszuklammern. Das Leben ist nicht komplett, wenn wir Erinnerungen nicht als wichtige, positive Dimension unserer selbst begreifen. Mit ihrer Hilfe verstehen wir, wer wir sind, wie wir so geworden sind und weshalb.

Ein besseres Gedächtnis ist einer der Wege zu größerer Zufriedenheit – in sozialer und beruflicher Hinsicht, doch auch, was die kulturelle und spirituelle Erfüllung betrifft, die mit wachsender Erfahrung immer wichtiger wird. Wenn uns Probleme in der Gegenwart oder Ängste über die Zukunft belasten, können positive Erinnerungen die Laune heben und Sorgen in ein anderes Licht rücken. Auch wenn die Vergangenheit kein Ort zum Leben ist, gibt es keinen Grund, warum wir uns nicht daran aufrichten sollten.

Sich glückliche Erinnerungen mit allen Sinnen ins Bewusstsein zu rufen verbindet uns mit den stärkenden Episoden in unserer Vergangenheit. Entspannen Sie sich, wie nachstehend beschrieben, bei einer „Gedächtnismassage" mit Ihrem Partner oder Freund. In einer Umgebung, die verlorene Zeiten wiederbelebt oder verblassende mentale Bilder auffrischt, ist es erholsam eine Massage zu geben oder zu empfangen. Währenddessen können wir in Reminiszenzen schwelgen und auch die Erinnerungen des Partners genießen.

Suchen Sie einen warmen, angenehmen, sanft erleuchteten Raum auf, wo Sie nicht gestört werden. Die beruhigendste Art der Gedächtnismassage ist *Effleurage*, kräftiges, aber sanftes Streichen, das sich für große Bereiche wie den Rücken, aber auch für empfindlichere Regionen wie das Gesicht eignet. Während der Partner Ihren Körper sanft massiert, rufen Sie Ihre erfreulichsten Erinnerungen ins Bewusstsein. Sprechen Sie leise im Rhythmus der streichenden Bewegungen und erzählen Sie offen über Ihre Erinnerungen. Lassen Sie die Massagebewegungen Ihre Erinnerungen lösen, damit diese an den Strand der Gegenwart gespült werden, wie wunderschön geformtes Treibholz in der Brandung.

Erinnerungen aus der Flasche

Düfte sind starke Auslöser für Erinnerungen. Duftkerzen oder Öle der Aromatherapie erhöhen nicht nur die entspannende Wirkung einer Massage, sie selbst können Erinnerungen aufwecken. Massieren Sie einige Tropfen ätherisches Öl (gelöst in zwei Teelöffel Basisöl, etwa Mandelöl) langsam und rhythmisch in die Haut oder verduften Sie etwas Öl in einer Aromalampe. Rosmarinöl ist für seine antiamnesische Wirkung bekannt, ist aber während der Schwangerschaft zu meiden. Auch Basilikum und Zitrone sollen das Erinnerungsvermögen unterstützen. Ich nehme stets Zitronenöl zu den Wettkämpfen mit: Sein Aroma fördert mein Gedächtnis und beruhigt meinen Geist. Sandelholz stärkt das Denken und öffnet uns für kreativere Gedanken. Es soll aphrodisierende Eigenschaften besitzen, könnte also erotische Erinnerungen wecken.

Anforderungen begegnen

Manche Menschen mögen einwenden, dass ein brilliantes Gedächtnis auch Nachteile birgt. Wenn wir uns alles merken, was wir tun sollen, erhöht das nicht den Stresspegel? In einer Welt, in der wir unter Hochdruck arbeiten und ständig neuen Anforderungen gegenüberstehen, möchten wir vielleicht lieber nicht alles behalten.

Verbannen Sie solche Gedanken aus Ihrem Kopf. Die Kunst, mit äußeren Ansprüchen fertig zu werden, besteht darin, sie nicht als Zwänge, sondern als Umweltfaktoren zu sehen. Sie liegen außerhalb unseres Selbst und können niemals unser Selbstbewusstsein und Selbstwertgefühl beeinträchtigen – außer wir lassen das zu. Selbstorganisation, ein klares Ablagesystem und vernünftig gesetzte Prioritäten befähigen uns, alles zu tun, was von uns verlangt wird. Wenn Ihr Gedächtnis hypereffizient wird, umso besser. Ein besseres Gedächtnis bedeutet nicht, mehr Möglichkeiten für Ängste und Verwirrung zu haben. Nicht das, was wir erreichen, macht uns Stress, sondern das, was wir nicht erreichen.

Einer der Aspekte von gesteigerter geistiger Leistungsfähigkeit ist das Vermeiden von Sorgen. Man muss nur kurz nachdenken, um zu erkennen, wie kontraproduktiv Sorgen sind. Wenn Sie etwas sehr belastet, nehmen Sie sich die Zeit für eine Gedächtnismeditation. Wählen Sie eine positive Erinnerung aus, vielleicht ein Abendessen mit Ihrem Partner oder einen romantischen Sonnenuntergang. Schaffen Sie daraus ein Symbol und visualisieren Sie es detailliert. Stellen Sie sich vor, dass es all die positiven Emotionen von damals emittiert, wie Lichtstrahlen, in deren Glanz Sie baden. Öffnen Sie die Augen, kehren Sie zurück und stellen Sie sich Ihren Aufgaben.

ANFORDERUNGEN BEGEGNEN

Die Bewerbungsreise
ÜBUNG EINUNDZWANZIG

Eine der stressigsten Situationen überhaupt ist ein Bewerbungsgespräch. Wenn wir das Gefühl haben, beurteilt zu werden, kann der Erfolgsdruck stark auf uns lasten. Wir vergessen dann leicht wichtige Punkte, die für uns sprechen, und manchmal sogar das, was uns über den Job gesagt wurde. Die folgenden Tipps fokussieren Ihren Geist und machen Sie erfolgreich.

1. Atemübungen oder eine Meditation vor dem Bewerbungsgespräch können Ihnen helfen, sich geistig zu entspannen.

2. Fixieren Sie mittels Merktechniken zehn wichtige Punkte über sich selbst in Ihrem Gedächtnis – Qualifikationen, die Sie für den Job besonders geeignet machen ebenso, wie wichtige Fragen, die Sie stellen wollen. Das Hakensystem könnte hier besser sein als die Reisemethode, weil Sie keine Kontrolle über den Gesprächsverlauf haben.

3. Wenn Sie Fragen stellen, so konzentrieren Sie sich vollständig auf die Antworten. Visualisieren Sie jede wichtige Information, die Sie erhalten – verbinden Sie sie vielleicht mit einem einprägsamen surrealen Bild. Notieren Sie nach dem Gespräch, woran Sie sich erinnern. Wenn Sie nochmals eingeladen werden, könnten diese Daten nützlich sein.

Zeitreisen

Wenn wir Merktechniken über längere Zeit hinweg praktizieren, sind wir mit dem Speichern und Abrufen neuer Informationen vertraut. Doch was ist mit all den Erinnerungen, die schon vorher verloren gegangen sind? Die Vergangenheit ist ein wichtiger Teil unserer Persönlichkeit, denn sie definiert, wer wir sind.

Die Zeitreise ist eine meiner liebsten Gedächtnisübungen. Ziel ist es, uns an einen bestimmten Zeitpunkt zu einem Ort in unserer Vergangenheit zurückzubringen, so dass wir uns so gut wie möglich an das Ereignis erinnern. Wir beginnen mit einem Detail und erarbeiten uns dann durch schrittweise Assoziation ein Bild. Wenn wir unseren Geist öffnen, am besten in einem stillen, angenehmen und schwach erleuchteten Raum, können wir mit der Zeit sogar Geräusche, Texturen, Geschmäcke, Düfte und Gefühle wieder finden. Versuchen Sie zum Beispiel, sich an bestimmte Geräusche wie einen knarrenden Stuhl, eine quietschende Türe oder ein knisterndes Feuer zu erinnern. Nehmen Sie ein Detail, das Sie klar „sehen" können, vielleicht die laut tickende Stehuhr im Flur Ihrer Großeltern. Wie klang es, wenn die Uhr schlug? Wie fühlte es sich an, wenn man als Kind durch die Eingangstür trat und zur Uhr aufsah? Welche Gefühle weckte die Uhr? Zeigen die Zeiger eine bestimmte Uhrzeit an? Was taten Ihre Großeltern meistens um diese Zeit?

Vielleicht möchten Sie eine Mind Map Ihrer Kindheit (siehe Seite 112 – 113) anlegen, beginnend mit Ihren Wohnorten und denen Ihrer Verwandten. Fragen Sie auch andere nach ihren Erinnerungen – ein neues Stichwort kann in Ihrem Gedächtnis eine ganze Kette von Assoziationen auslösen.

> *Ich mag es, wenn Leute mir von ihrer Kindheit erzählen. Doch sie müssen sich beeilen, sonst erzähle ich ihnen von meiner.*
>
> Dylan Thomas
> 1914 – 1953

ZEITREISEN

Zurück in die Schulzeit

ÜBUNG ZWEIUNDZWANZIG

Diese Übung wird Sie in Ihre frühen Entwicklungsjahre zurückversetzen. Verwenden Sie Klassenfotos, alte Schulbücher, Trophäen und Ähnliches um Ihrem Gedächtnis auf die Sprünge zu helfen.

1. Suchen Sie im Geiste einen Ort auf, der eine Reihe zufälliger Erinnerungen auslöst, etwa Ihre alte Schule. Wählen Sie einen spezifischen Ausgangspunkt, vielleicht die Fahnenstange auf dem Schulhof, das Fußballfeld oder das Zimmer des Direktors.

2. Steigen Sie in das mentale Bild ein. Wie alt sind Sie? Wer sind Ihre Freunde? Was haben Sie an? An welche lustigen oder erschreckenden Vorfälle erinnern Sie sich?

3. Strecken Sie Ihre „Fühler" aus. Können Sie sich Ihr Klassenzimmer vorstellen und wo Sie saßen? Denken Sie an einzelne Geräusche wie das Proben der Schulband, den Beifall auf dem Fußballplatz, das Knirschen der Kreide an der Tafel. Hören Sie die Stimme Ihres Lehrers? Was ist mit Gerüchen – Ihr Spind oder die Cafeteria? Gehen Sie alle Sinne durch.

4. Denken Sie nun daran, was Sie fühlten. Welche Fächer mochten Sie? Waren Ihre Lehrer streng oder nett? Fühlten Sie sich glücklich, ängstlich, gelangweilt? Lassen Sie dieses Bild einige Zeit in Ihrem Kopf, um zu sehen, welche Erinnerungen sich noch einstellen.

Die Vergangenheit loslassen

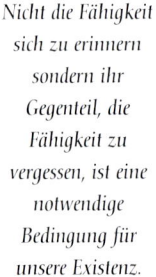

Während positive Erinnerungen unser Leben bereichern, können negative auf unnötige und sogar destruktive Weise an uns nagen. Auch wenn wir wissen, dass wir nichts mehr ändern können, behindern uns böse Erlebnisse, Fehler oder Versäumnisse. Wie können wir uns von solchen Lasten befreien?

Die emotionale Intensität solcher Erfahrungen fixiert sie im Gedächtnis. Wenn wir die Erinnerung von der emotionalen Ladung trennen könnten, so dass die Gefühle nicht mehr mit der Erinnerung wiederkommen, wird auch der quälende Vorfall selbst nicht mehr so leicht in unser Bewusstsein treten.

Wir müssen störende Erinnerungen aus einem praktischen Blickwinkel betrachten. Eine negative Erfahrung loslassen heißt nicht, dass wir durch einen komplizierten Akt der Verdrängung einen Teil unseres Verstandes säubern, sondern nur, dass wir einen Perspektivenwechsel brauchen. Es ist hilfreich die Vergangenheit als Akademie der praktischen Weisheiten zu betrachten, die auf all unseren positiven und negativen Erfahrungen basiert. Eine Fehleinschätzung gehört genauso in dieses Archiv wie eine persönliche Leistung, quasi als Kompass, nach dem Sie Ihre zukünftigen Wege ausrichten. Anstatt Schuldgefühle zu haben, stellen Sie sich all diese Akten lieber chronologisch archiviert vor.

Denken Sie daran, dass die Vergangenheit ein fernes Land ist und dass wir uns genauso wenig wünschen sollten, Teile davon zu verändern, wie wir uns Bäume auf dem Himalaya wünschen sollten. Wir leben nicht in der Vergangenheit, Ereignisse dort tangieren uns nicht.

Nicht die Fähigkeit sich zu erinnern sondern ihr Gegenteil, die Fähigkeit zu vergessen, ist eine notwendige Bedingung für unsere Existenz.

Sholem Asch
1939

Eine Erinnerung entschärfen

ÜBUNG DREIUNDZWANZIG

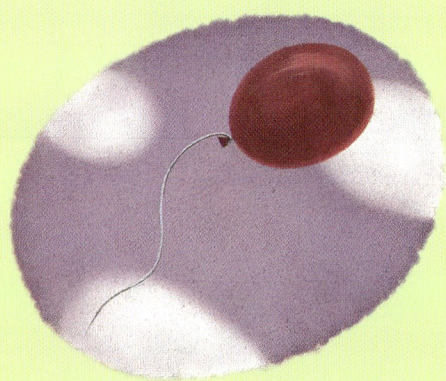

Wenn etwas Belastendes passiert, handeln Sie sofort, bevor der negative Eindruck eine Chance bekommt, sich als emotionaler Sender in Ihrem Kopf einzunisten. Diese Übung bietet effektive Erste Hilfe. Sie können Sie jederzeit nach einem unangenehmen Vorfall durchführen – fünf Minuten oder einige Stunden danach, am nächsten Tag oder noch später.

1. Erinnern Sie sich exakt an das, was vorgefallen ist. Versuchen Sie, es mental in Worte und Bilder zu fassen. Identifizieren Sie die Gefühle, die diese Erinnerung hervorruft. Formulieren Sie die genauen Ursachen für diese Gefühle.

2. Atmen Sie tief ein und langsam aus. Stellen Sie sich vor, Sie würden beim Ausatmen einen Ballon aufblasen. In Ihrem Atem befinden sich all die negativen Emotionen, die mit der Erinnerung verbunden sind. Damit füllt sich nun der Ballon. Verknoten Sie den Ballon im Geiste und lassen Sie ihn los. Die Erinnerung ist nun frei von negativen Gefühlen.

3. Denken Sie die Erinnerung praktisch und logisch durch. Was lief schief? Wie wurde es richtig gestellt oder hätte es richtig gestellt werden können? Wenn die Erfahrung ein Bote wäre, welche Nachricht würde er überbringen? Stellen Sie sich abschließend vor, die Erinnerung in einem Archiv abzulegen. Es gibt keinen Grund, diese Akte je wieder hervorzuholen.

Die Welt der Gefühle

Ein Erlebnis kann emotional so aufregend sein, dass es fast eine Narbe im zerebralen Gewebe hinterlässt.

William James
1890

Was sind Ihre lebhaftesten Erinnerungen? Die meisten Menschen geben als Antwort sehr persönliche, emotional aufgeladene Vorfälle an. Emotionale Assoziationen verankern solche Episoden tief im Gedächtnis, manchmal sind sie unauslöschlich. Wir erinnern uns deutlich – wenn auch durch die verzerrende Linse der Subjektivität.

Für dieses verbesserte Erinnerungsvermögen gibt es eine wissenschaftliche Erklärung. Forscher glauben, dass gefühlsbetonte Erinnerungen in der *Amygdala* verarbeitet werden, in einer Region in der Nähe des Hippocampus (siehe Seite 42) im Zentrum des Gehirns. Es ist eine winzige, mandelförmige Struktur, die unsere Gefühle reguliert. Während emotionaler Erfahrungen scheidet die Amygdala Stresshormone aus, die unseren Herzschlag beschleunigen. Dadurch wird mehr Sauerstoff zum Gehirn transportiert, was wiederum das Gedächtnis effizienter macht. Später, beim Erinnern, stimuliert die Amygdala eine physische Gefühlsreaktion, die in der Folge eine Erinnerung auslöst. Wir hören eine Melodie, fühlen uns von Sehnsucht überwältigt und erinnern uns plötzlich daran, dass uns ein lang verflossener Geliebter diese Melodie vorgespielt hat. Die Erinnerung folgt der reaktivierten Emotion.

Sensorische Auslöser können auch positive Gefühle hervorrufen. Wir fühlen uns beim Anblick eines Sonnenuntergangs vielleicht völlig zufrieden, was an der Ästhetik liegen kann oder an vorherigen Sonnenuntergängen, bei denen zärtliche Worte gesprochen wurden. Solche Gefühle sind nicht so leicht auszulösen, doch die folgende Übung bietet einen möglichen Zugang.

Die Flamme neu entzünden

ÜBUNG VIERUNDZWANZIG

Es gibt keine offizielle Liste der positiven Gefühle, doch Glücklichsein, Liebe, Mitgefühl, Staunen, Lachen, Vertrauen und Optimismus gehören sicherlich dazu. Wenn das Leben trist erscheint, können wir Emotionen aus der Vergangenheit holen, um unsere Reaktionen wieder zu sensibilisieren.

1. Nehmen wir an, Sie fühlen sich ohne speziellen Grund einem Freund gegenüber teilnahmslos oder abgeneigt. Erinnern Sie sich so lebhaft wie möglich an das letzte Mal, als Sie sich diesem Freund sehr nahe fühlten – vielleicht als er harte Zeiten durchstand oder als er bewundernswerte Fähigkeiten zeigte.

2. Stellen Sie sich einen Goldpokal vor, wie ihn Sportler bekommen. Dieser wurde speziell angefertigt, um die einzigartigen Fähigkeiten Ihres Freundes zu würdigen.

3. Visualisieren Sie sich selbst in der Gegenwart, wie Sie Ihren Freund überraschen und ihm diesen Pokal überreichen. Sie sind stolz auf Ihre Freundschaft. All Ihre Unzufriedenheiten fallen von Ihnen ab. Halten Sie im Geiste ein kleine zeremonielle Dankesrede, in der Sie erklären, warum Ihr Freund die Trophäe verdient hat.

Im Geist jung bleiben

Menschen altern auf verschiedene Weise und mit unterschiedlicher Geschwindigkeit. Wer das Altern verlangsamen will, ernährt sich vielleicht gesünder oder schwimmt noch mit 65 Jahren täglich. Doch wenn wir jung bleiben wollen, müssen wir auch auf unseren Verstand achten.

Eine wichtiger Faktor für die volle Leistungsfähigkeit von Verstand und Gedächtnis ist das Interesse – das Ausmaß, in dem wir an lokalen und globalen Vorfällen Anteil nehmen. Das Interesse bildet wie die Konzentration eine Grundlage für effektives Einprägen. Als Kind ist für uns vieles aufregend, weil wir es nie zuvor gesehen haben. Wenn wir älter werden, laufen wir Gefahr abzustumpfen. Wir neigen dazu, uns weniger von unserer Umwelt faszinieren zu lassen. Das Geheimnis besteht darin, den Schleier des Vertrauten zu lüften, um zu sehen, was dahinter liegt. Wir müssen wachsam für die Überraschungen rund um uns sein und die verblüffenden Verbindungen sehen, die unseren Erfahrungen Gestalt geben. Es gibt vieles zu entdecken: Benennen Sie die Krater des Mondes durch ein Fernrohr, studieren Sie Baumarten im Park oder besuchen Sie eine Ausstellung, um etwas über die holländische Tulpentradition im 17. Jahrhundert zu erfahren, als Tulpen als Währung galten.

Altern muss nicht mit Gedächtnisverlust einhergehen (siehe Seite 58). Wenn wir nicht glauben, dass unser Verstand uns mit dem Alter im Stich lässt, können wir positiv in die Zukunft blicken. Wir dürfen nur nicht aufhören, mit Forschergeist und Engagement neue Erfahrungen zu sammeln.

Wer seine Vergangenheit genießen kann, lebt zweimal.

Martial
86 n. Chr.

Verbindungen herstellen

ÜBUNG FÜNFUNDZWANZIG

Wissen besteht nicht isoliert. Durch das Herstellen von Verbindungen zwischen Themen und durch das Auffüllen des Kontexts erlangen Sie ein umfassenderes Verständnis. Informationen werden bedeutungsvoller, interessanter und dadurch auch einprägsamer.

1. Stellen Sie Ihre Freizeitaktivitäten in einen Kontext, indem Sie sich über die Hintergründe informieren – nicht nur aus Büchern, sondern auch durch Beobachtung. Ein Gärtner kann Aufzeichnungen über den eigenen Garten führen und nachlesen, wie die Menschen in früheren Zeiten jene Pflanzen entdeckt und gesammelt haben, die er heute hegt.

2. Sehen Sie die Nachrichten aus aller Welt vor ihrem historischen Hintergrund. Es gibt keine klare Trennung zwischen Geschichte und Gegenwart. Geschichte passiert jetzt, in aller Welt. Verfolgen Sie Ereignisse zu Ihren Wurzeln zurück.

3. Wenn Sie zufällig auf eine Gleichheit stoßen – derselbe Name oder die gleiche Information aus unterschiedlichen Quellen – nehmen Sie das als Anreiz, dem Phänomen auf den Grund zu gehen. In Biographien finden Sie zum Beispiel Hinweise auf das Leben, auf Familie und Freunde von Personen. Betreiben Sie ein wenig biographische Forschung.

Das Gedächtnis der Zukunft

Die Teilnehmer der jährlichen Denksportolympiade, deren Bestandteil die Gedächtnisweltmeisterschaft ist, messen sich in Schach, Memory, Bridge oder Schnelllesen. Sie werden als Mentalathleten bezeichnet. Dieser Ausdruck spiegelt die öffentliche Faszination wider, die vom wahren Potenzial unseres Gehirns ausgeht.

Gleichzeitig erkennt man aber auch, dass die großen Gedächtnisleistungen nicht einfach Tricks oder angestrengte Versuche sind, ins Buch der Rekorde zu kommen – wie jemand, der länger als jeder andere in einer Telefonzelle geblieben ist. Gedächtnischampions demonstrieren etwas weit Bedeutenderes als das: die Perfektionierbarkeit der geistigen Kapazität, die wissenschaftliche Tatsache, dass das Gehirn weitaus mehr leisten kann, als viele Menschen glauben. Der Verstand ist ein reicheres und brillianteres Geschenk der Natur, als die meisten von uns sich jemals hätten träumen lassen.

In einem Zeitalter, in dem der technologische Fortschritt stark von Computern dominiert ist, die immer mehr Informationen durch immer „klügere" Software zugänglich machen, ist es beruhigend, dass es

auch weiterhin Forschung gibt, die sich mit dem menschlichen Gedächtnis beschäftigt. Jetzt, während Sie lesen, werden in Labors in aller Welt neue Entdeckungen gemacht. Es bleibt zu hoffen, dass auch in Zukunft kognitive und psychologische Studien im Hinblick auf die praktische Anwendung des Gedächtnisses im Alltag betrieben werden. Besonders wichtig erscheint mir die

Frage, welche Techniken am besten für das Speichern und Abrufen von spezifischen Arten von Informationen geeignet sind.

Wir können uns sicher sein, dass niemand unbedingt technische Spielereien wie Laptops und Organizer braucht, um sich etwas zu merken – es genügt der eigene Wille. Wir Gedächtnischampions können unser Wissen über die Techniken weitergeben, die wir uns durch langwieriges Experimentieren und viel Arbeit angeeignet haben. Ich bezeichne uns lieber als Pioniere und nicht als Zauberkünstler, denn welcher Zauberer würde dem Publikum so bereitwillig seine Tricks verraten? Ich hoffe, dass es mit der Zeit immer mehr Menschen gibt, die neue Räume im Palast des Gedächtnisses aufschließen und seine Schätze in ihre Taschen stecken.

Die Maschine „Gehirnwelle 1"

Die Maschine „Gehirnwelle 1" wurde vom Alphalearning-Institut in der Schweiz entwickelt. Die größten Genies der Geschichte, von Albert Einstein bis Leonardo da Vinci, nutzten beide Gehirnhälften effektiv. Mit dieser neuen Technologie kann man mentale Balance in den alltäglichen Gedanken erzielen. Man trägt Brillen mit Dioden, die pulsierendes Licht emittieren. Gleichzeitig trägt man auch Kopfhörer, die einen Rhythmus aussenden, der mit dem pulsierenden Licht synchronisiert ist. Diese Kombination von Licht und Geräusch trainiert das Gehirn, sich auf die optimalen Frequenzen für Konzentration und Entspannung einzustellen und die Wellen beider Gehirnhälften auszubalancieren. Zur Zeit ist diese Technologie nur wenigen bekannt, doch ich hoffe, dass sie in Zukunft zum Vorteil aller eingesetzt wird – in der Wirtschaft, im Sport und besonders im Bildungsbereich.

Bibliografie

Baddeley, Alan
Die Psychologie des Gedächtnisses
Stuttgart, 1979

Birkenbihl, Vera F.
Think. Gehirnpotential
Ravensburg, 1997.

Buzan, Tony
Nichts vergessen. Kopftraining für ein Supergedächtnis
München, 1999

Buzan, Tony und Buzan, Barry
Das Mind Map Buch
München, 1999

Buzan, Tony und North, Vanda
Kopftraining. Anleitung zum kreativen Denken
München, 1999

Greenfield, Susan
Reiseführer Gehirn
Heidelberg, 1999

Grof, Stanislov, Russell, Peter und Laszlo, Ervin
Die Bewusstseins-Revolution
München, 1999

Haußmann, Bernd und Geisselhart, Roland
Think. Namen und Gesichter
Ravensburg, 1998

Houston, Jean
Begeisterung für das Mögliche
München, 1999

Kolb, Klaus und Miltner, Franz
Gedächtnis-Training
München, 1999

Lehrl, Siegfried und Weickmann, Elisabeth
Übung macht den Gedächtnis-Meister. Gedächtnis-Hilfssysteme der „Superhirne"
Ebersberg, 1997

Oberbauer, Martin
Abenteuer Gedächtnis
München, 2000

O'Brien, Dominic
How to Develop a Perfect Memory
London, 1993

O'Brien, Dominic
How to Pass Exams
London, 1995

O'Brien, Dominic
Super Memory Power (Books 1 - 4)
London, 1997

Ostrander, Sheila und Schroeder, Lynn
SuperMemory: Der Weg zum optimalen Gedächtnis
München, 1996

Ostrander, Sheila und Schroeder, Lynn
Fitness für den Kopf mit Superlearning.
München, 1999

Parkin, Alan J.
Gedächtnis. Ein einführendes Lehrbuch
Weinheim, 1996

Parkin, Alan J.
Erinnern und Vergessen. Die Funktion des Gedächtnisses und seine Störungen
Göttingen, 2000

Rose, Steven
Gehirn, Gedächtnis und Bewusstsein.
Gladbeck, 2000

Rupprich, Ursula
Geistige Fitneß durch Gedächtnistraining
Stuttgart, 1999

Schacter, Daniel L.
Wir sind Erinnerung. Gedächtnis und Persönlichkeit
Reinbeck, 1999

Squire, Larry L. und Kandel, Eric R.
Gedächtnis. Die Natur des Erinnern.
Heidelberg, 1999

Svantesson, Ingemar
Mind Mapping und Gedächtnistraining
Offenbach, 1998

Urban, Adrian
Gedächtnistraining
Rastatt, 1999

Vester, Frederic
Denken, Lernen, Vergessen
München, 1998

Yates, Frances A.
Gedächtnis und Erinnern. Mnemonik von Aristoteles bis Shakespeare
Berlin, 1999

Register

A

Abrufen 88–91
  Auslöser 95, 134–5, 141, 144, 145
  Effekte von Streß 45–6
  Vergangenheit und 144–5
  von Zahlen 110–1
  Worte 120–1
Ad Herennium 18
Akronyme 94–5
Aktives Gedächtnis *siehe* Kurzzeitgedächtnis
Alkohol und Gedächtnisverlust 55
Allport, G. W. 57
Alphalearning-Institut 153
Altern
  Gedächtnistraining 59, 150–1
  Gedächtnisverlust und 58–9, 150
Amnesie *siehe* Gedächtnisverlust
Ängste, Gedächtnis und 59, 142
Ankern, Verortungsmethode 65-6, 75
Aristoteles 17, 68
Aromatherapie 141
Assoziation 46, 65–7, 72–3, 88, 90, 126, 128
  Aristoteles und 17, 68
  DOMINIC-System und 108–9
  Gedächtnisstützen 94
  Gesichter und 116–7
  Reisemethode 102–7
  sich an die Vergangenheit erinnern 144
  visuelle Haken 96, 102
  Zahlengestaltsystem 110–1, 129
Atmung
  Einprägen und 33
  negative Erinnerungen 147
  Stress 143
Aufhänger *siehe* Hakensystem

B

Babys und Gedächtnis 56
Beobachtung als Gedächtnishilfe 78–9
Bewegung
  Gedächtnistraining und 49, 62–3, 67, 150–1
  körperliche Fitness und 82
Bewerbungsgespräch 96, 143
Bewusstsein, Gedächtnis und 23
Bilder im visuellen Cortex 35
Brown, Roger 45
Bruno, Giordano 20
Buddhismus, "Achtsam-Sein" und 139
Buzan, Tony 112

C

Camillo, Giulio 19, 20
Chunking ("Klumpen bilden"), Lernstrategie 51
Cicero 18
Codes, Einprägen von 110–1
Computer 23, 40

D

De Oratore 18
Déjà vu 53
deklaratives Gedächtnis 36–8
  bei Kindern 56–7
Denksportolympiade 112, 152
DOMINIC-System 80, 108–9, 124, 126
Düfte
  Erinnern von 141, 144
  Gedächtnis und 84

E

Ebbinghaus, Hermann 50
eidetisches Gedächtnis 57
Einkaufsliste 106–7
Emotionen
  Abrufen von 144, 148, 149
  Abrufen von Erinnerungen und 148
  Gehirn und 26, 148
Engramme 42
Enzephalitis
  Gedächtnisverlust und 55
episodisches Gedächtnis 37
Erinnerungen an Ereignisse 37
Erkennen von Namen und Gesichtern 29, 116–7

Ernährung, Gehirn und
Gedächtnis 82–3
Erziehung *siehe* Lernen
Etymologie als
Gedächtnisstütze 120
explizites Gedächtnis *siehe*
deklaratives Gedächtnis

F

Fähigkeiten, Prozedurales
Gedächtnis und 38–9, 50
faktisches Gedächtnis 37
Fantasie *siehe* Vorstellungskraft
fotografisches Gedächtnis 57

G

Gedächtnis
Arten von 18, 34–9
Auslöser 34, 95, 134–5, 141, 144, 145
äußere Hilfen 46
Codieren 39–42
Computer und 23, 40
die drei Schlüssel zum 65, 126
Gedächtnisbaum (*Ginkgo*) 49, 82
Gedächtniskette 99
Gedächtnisrad 20
Gedächtnistheater 19, 20
Gedächtniswaldtafel 97
historischer Überblick 12–23
negative Erinnerungen 146–7
Quelle der Inspiration 16
Schablonen 134
Störungen des 44–6
Studien im 20. Jahrhundert 22–3, 36, 59, 152–3
Training 59, 62–3, 67, 152–3
Verbesserung 60–91
Vorteile 136
Zuverlässigkeit 44–7
Gedächtnisstützen
antike Techniken 16–8
auf Worten basierende 66, 94–5
sprachliche 128
Gedächtnisverlust
Alter und 58–9, 150
Amnesie 54–5
Kurzzeitgedächtnis und 36, 55
Tod und 16
Vergessen 52–3
Gedächtnisversammlung 47
Gedächtnisweltmeisterschaft 49, 66, 74, 92, 152
Gefühle *siehe* Emotionen
Gehirn
emotionale Erinnerungen 154
Erinnerungen abrufen 21, 22, 26–8, 31, 32, 40–3, 64–5
Funktionsweise 40–3
Gedächtnistraining 62–3
linke und rechte Gehirnhälfte 30–31, 64–5, 68, 88–9, 153
Rhythmen 32–3
richtige Ernährung 83
Struktur 26–8, 30, 148
siehe auch Rhythmus
Gehirnwellen 32–3, 77, 153
„Gehirnwelle 1" (Maschine) 153
Geistesblitze 45
genetisches Gedächtnis 37
Geräusche
Abrufen von 144
Gedächtnis und 34, 84, 85, 91, 123
siehe auch Hören; Musik
Gerüche und Gedächtnis 34, 84, 91, 123, 141
Gesamtzeithypothese 50
Geschichten erzählen 15
Geschichtenmethode 98–101
Geschmack und Gedächtnis 34, 84
Geschmack, Erinnern von 144
Gesichter erkennen 29, 116–7
Gesundheit und Fitness, Gedächtnis und 82–3
Gewalt, Erinnerungen an 45–6
Ginkgo 49, 82
Goethe, Johann Wolfgang von 82 ·
Griechen, Merktechniken der 16–7, 18, 23, 65, 74, 94

H

Hakensystem, visuelles 66, 96–7, 128

Stress bekämpfen 143
Homer 14-5
Hören
　sensorisches Gedächtnis 34-5
　siehe auch Geräusche
Hypnose und Erinnerung 55

I

Illias (Homer) 15
implizites Gedächtnis *siehe*
　prozedurales Gedächtnis
Informationen abrufen 88-91,
　152-3
　Stress und 46
Intelligenz und Gedächtnis 51
Interesse, Beibehalten im Alter
　150-1
IQ und Gedächtnis 51

J

Jaensch, E. R. 57
„Jizz", Erkennen des 29

K

Karten zählen 125
Kartenspiele, Gedächtnis und
　125-7
Kinder und Gedächtnis 56-7
kontextabhängiges Gedächtnis
　90-1
Konzentration
　Einprägen 46, 76-7, 88
　Vorteile der 138-9
Kreatives Denken 65, 70
　Gehirn und 26-7
Kreuzworträtsel 121
Kulick, James 45

Kurzzeitgedächtnis (KZG) 35,
　36, 40-41, 43, 51
　anterograde Amnesie und 55
　bei Kindern 56
　im Alter 58

L

Langzeitgedächtnis (LZG) 35,
　36-9, 42, 52
　anterograde Amnesie 55
　im Alter 58-9
Lernen
　auswendig 21, 80
　ätherisches Zitronenöl 141
　effektive Merktechniken 50-1,
　128-9
　schulisches 21, 23, 128-9
Lesen 130-31
　Schnelllesen 132-3
Loftus, Elizabeth 45-6
logisches Denken 65
Lozanov, Georgi 86
Luria, Alexander 22

M

Massage und Gedächtnis 140-1
Matteo Ricci 19
Meditation
　Einprägen und 33
　Konzentration und 76-7, 139
　mit Stress umgehen 142, 143
　vor dem Zubettgehen 49
mentale Bilder erschaffen 65,
　66, 68-71, 109
　negative Erinnerungen und
　147
　siehe auch Visualisierung

Miller, George 51
Mind Map 112-3, 122-3
　der Kindheit 144
　Lesen und 130, 131
Mnemonik, *siehe*
　Gedächtnisstützen
Mnemosyne, Göttin des
　Gedächtnisses 16, 94
„Morphing" 71
mündliche Überlieferung 14-5
Musen 16
Musik
　Gehirnaktivität und 31
　zur Unterstützung des
　Einprägens 86-7
　siehe auch Geräusche
Mythen 15

N

Namensgedächtnis 29, 36-7, 96,
　116-7
Neurotransmitter 28, 42
　siehe auch Gehirn

O

Oxford World Reading
　Programme 120

P

permanentes Gedächtnis *siehe*
　Langzeitgedächtnis
Planeten, Übung zum
　Einprägen der 101
Plato
　Ansichten über das
　Gedächtnis 20, 24
proaktive Inhibition 52-3

prozedurales Gedächtnis 36,
38–9, 55

Q
Quintilian 18

R
Reden halten 96, 106–7, 122–3
Reime als Gedächtnisstützen 95
Reisemethode 102–7
  Kartenspiele 125–7
  Konzentrationstraining 138–9
  Reden halten 106–7, 122–3
  Schach 124–5
  schulisches Lernen 21, 23,
  128–9
  Termine einprägen 118–9
  Verortungsmethode 75, 102
  Zahlen einprägen 111
  siehe auch Verortung
Religion und Merktechniken
19–20
REM-Schlaf 48–9
retroaktive Inhibition 52–3
Rhetorik 18
  siehe auch Reden halten
Rhythmus als Gedächtnisstütze
95
Ricci, Matteo 19
Rigveda 15
Römer, Merktechniken der
antiken 18, 23, 74
Route abgehen, Reisemethode
105

S
Schach, Gedächtnis und 124–5

Schlaf
  Gedächtnis und Schlaf 48–9
  Gehirnrhythmen 32
Schlag als Ursache von
  Gedächtnisverlust 55
Schnelllesen 152–3
Sehen und Gedächtnis 34–5,
  78–9, 84, 91
semantisches Gedächtnis 37–8
  bei Kindern 56–7
Shereshevski 22
Simonides von Ceos 16
Sinne, Gedächtnis und 17, 22,
  34–6, 69, 78–9, 84–5, 91, 123
Sinneserinnerungen 34–6
„Speed Cards" 125–7
Spiele *siehe* Kartenspiele; Schach
Spracherwerb 56–7
Spurenzerfallstheorie 52
Stress
  Abrufen und 45–6
  besseres Gedächtnis und 142
  Umgang mit 142–3
Synesthesie 22

T
Tagebuch, geistiges 119
Tastsinn und Gedächtnis 34, 84
Texturen, Erinnern von 144
Tiere und Gedächtnis 37
Tod, Gedächtnisverlust und 14

U
Überprüfen
  Behalten und 67, 80–1, 88
  Fünferregel 81, 123
überraschende

Zufallserinnerung 91
Umgebung, Gedächtnis und
  90–1

V
vedische Tradition 15
Verabredungen, sich erinnern
  an 118–9
Vergangenheit
  mit negativen Erinnerungen
  umgehen 146–7
Vergessen *siehe*
  Gedächtnisverlust
Verortung 16–7, 18, 65–7, 74–5,
  12
  Konzentration 76
  Reisemethode 102
  visuelle Haken 66, 96
  siehe auch Reisemethode
Verstand,
  bewusster und unbewusster
  31, 36, 38, 56
  von Unrat befreien 135
Verständnis, Lesen und 131, 133
Visualisierung 69–71, 85, 111,
  123, 128–9, 143
  Abrufen positiver Emotionen
  149
  Geschichtenmethode und 98–
  101
  Reisemethode und 102–7
  Umgang mit Stress 142–3
  Vergangenheit und 144–5
  siehe auch mentale Bilder
  erschaffen
visuelles Hakensystem *siehe*
  Hakensystem

Vitaminmangel 55
Vorstellungskraft
  bei Aristoteles 68
  Gedächtnis und 65–7, 68–71,
    126, 128
  Reisemethode 102
  visuelle Haken 96

W

Wiederholungen, Behalten und
  67, 80, 81
Wörter, Erinnern von 120–1

Z

Zahlen
  DOMINIC-System 80, 108–9,
    124, 126
  Gedächtnisstützen 95
  Ziffernspanne finden 43
Zahlen-Gestalt-System 80,
  110–1, 129
Zeitreise 144–5

Danksagung

Autor und Verlag möchten Tony Buzan danken für die freundliche Genehmigung, die Mind Map®™ Technik in diesem Buch zu verwenden

Weitere Informationen über Mind Maps®™ erhalten Sie in den Buzan Zentren an folgenden Adressen:

UK
54 Parkstone Road
Poole
Dorset
BH15 2PG
Telefon: 01202 674676
Fax: 01202 674776

US
P.O. Box 4
Palm Beach
Florida 33480
Telefon: (561) 881 0188

Im Internet
www.Mind-Map.com

Email
buzan@Mind-Map.com

Der Autor möchte auch Sean Adam vom Alphalearning-Institut für seine inspirierende Arbeit danken.